Acolher o indesejável

Acolher o indesejável
Uma vida plena num mundo abatido

Pema Chödrön

Tradução de Marilene Tombini

Rio de Janeiro

© 2019 by the Pema Chödrön Foundation

Trecho de *Fail, Fail Again, Fail Better* © 2015 by Pema Chödrön foram reproduzidos com a permissão da editora Sounds True, Inc. "Basic Sitting meditation" originalmente faz parte do livro *Start Where You Are: A Guide to Compassionate Living*, © 1994 by Pema Chödrön, publicado pela Shambhala Publications nos EUA e pela Editora Sextante no Brasil com o título de *Comece onde você está*. "Tonglen Practice" foi adaptado de *When Things Fall Apart* © 1997 by Pema chödrön, publicado pela Shambhala Publications nos EUA e pela Gryphus Editora no Brasil com o título de *Quando tudo se desfaz*.

Direitos autorais reservados e garantidos

Revisão
Vera Villar
Maria Helena da Silva

Editoração eletrônica
Rejane Megale

Capa
Martin Ogolter – www.martinogolter.com

Adequado ao novo acordo ortográfico da língua portuguesa

CIP-BRASIL. CATALOGAÇÃO-NA-FONTE
SINDICATO NACIONAL DOS EDITORES DE LIVROS, RJ

C473a

Chödrön, Pema
    Acolher o indesejável : uma vida plena em um mundo abatido / Pema Chödrön ; tradução Marilene Tombini. - 1. ed. - Rio de Janeiro : Gryphus, 2020.

    210 p. ; 21 cm.
    Tradução de: Welcoming the unwelcome
    Inclui bibliografia
    ISBN: 978-85-8311-146-7

    1. Vida espiritual - Budismo. 2. Bodicita (Budismo). I. Tombini, Marilene. II. Título.

20-62827　　　　　　　　　　　　　　　　CDD: 294.34
　　　　　　　　　　　　　　　　　　　　CDU: 243.4

GRYPHUS EDITORA
Rua Major Rubens Vaz, 456 – Gávea – 22470-070
Rio de Janeiro – RJ – Tel: +55 21 2533-2508 / 2533-0952
www.gryphus.com.br– e-mail: gryphus@gryphus.com.br

Este livro é dedicado a

KHENCHEN THRANGU RINPOCHE

*com amor, devoção e gratidão
por toda gentileza e apoio que me deu
ao longo de muitos anos.*

Sumário

1. Comece com o coração partido 11
2. Isso importa?. 20
3. Superar a polarização. 28
4. A arte do fracasso. 37
5. O caminho da não rejeição 42
6. Assim como é 49
7. Como não desanimar 55
8. Além da zona de conforto. 64
9. Falar a partir da nossa humanidade compartilhada 72
10. Assim você rotula, assim lhe parece 79
11. A prática da consciência manifesta 86
12. A vida muda num instante 92
13. O vazio frio 100
14. A experiência do aqui e agora 105
15. Nascimento e morte a cada instante 111
16. Imagine a vida sem ego 116
17. Nossa sabedoria muda o mundo 121
18. Acolher o indesejável dando risada. 127
19. Aprendendo com nossos professores 132
20. Missão impossível 142

PRÁTICAS PARA ACOLHER O INDESEJÁVEL 151
Meditação sentada 153
A prática de *tonglen* 156
Localize, abrace, interrompa, fique 162

Agradecimentos 165
Sobre a autora 166

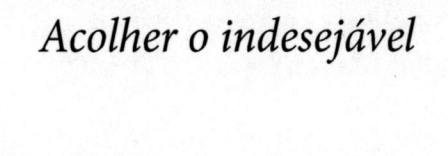

Acolher o indesejável

Um

Comece com o coração partido

Nosso objetivo é despertar coração e mente de modo pleno, não apenas para nosso maior bem-estar, mas também para levar benefício, consolo e sabedoria a outros seres vivos. Que outra motivação poderia ser superior?

Ao se ocupar de ensinamentos espirituais, é bom ter conhecimento das suas intenções. Por exemplo, você pode questionar: "O que estou querendo ao ler este novo livro com seu título sinistro *Acolher o Indesejável*?" Está lendo porque os tempos estão incertos e você quer algumas pistas do que pode lhe ajudar a atravessar o que vem pela frente? Está lendo para adquirir sabedoria sobre si mesmo? Espera que ele o ajude a superar certos padrões mentais que prejudicam seu bem-estar? Ou ganhou-o de presente – com muito entusiasmo – e agora não quer entristecer a pessoa que o presenteou, deixando de lê-lo?

Seus motivos podem incluir alguns ou todos acima. São todas boas razões (até a última) para que você leia este ou qualquer livro. Mas, na tradição do Budismo Mahayana, à qual eu pertenço, ao estudar os ensinamentos espirituais, estipulamos uma motivação ainda maior, conhecida como *bodhichitta*. Em sânscrito, *bodhi* significa "desperto" e *chitta* "coração" ou "mente". Nosso objetivo é despertar coração e mente de modo pleno, não apenas para nosso maior bem-estar, mas também para levar benefício, consolo e sabedoria a outros seres vivos. Que outra motivação poderia ser superior?

O Buda ensinou que todos nós, em essência, somos bons e amorosos. Devido a essa bondade básica, naturalmente queremos apoiar os outros, em especial aqueles de quem somos próximos e aqueles que passam por maiores necessidades. Temos uma intensa consciência de que outros precisam de nós, assim como nossa sociedade e o planeta como um todo, especialmente agora. Queremos fazer o que pudermos para aliviar o medo, a raiva e o doloroso desamparo que muitos experimentam hoje em dia. Entretanto, o que muitas vezes atrapalha, quando tentamos ajudar, é que nos deparamos com nossa própria confusão e tendências habituais. Ouço dizer: "Eu queria ajudar adolescentes vulneráveis, então fui estudar, me preparar e parti para a assistência social. Dois dias no trabalho e descobri que odiava a maioria dos garotos! Meu primeiro sentimento foi: 'Por que não podemos simplesmente nos livrar de todos esses garotos e encontrar uns mais legais, que colaborem comigo?'. Foi então que percebi a necessidade de consertar o que havia de errado em mim mesmo."

Bodhichitta, ou coração desperto, começa pelo anseio de nos livrarmos de qualquer coisa que nos atrapalhe, no intento de ajudar os outros. Desejamos nos livrar de nossos pensamentos confusos e padrões habituais que encobrem nossa bondade essencial, inata, de modo a sermos menos reativos e menos presos ao nosso antigo modo de ser. Compreendemos que, ao irmos além, seja em que grau for, de nossas neuroses e hábitos, conseguiremos ficar mais disponíveis para aqueles adolescentes, para nossos familiares, para a comunidade como um todo ou para os estranhos que encontramos. Interiormente, talvez ainda estejamos passando por fortes sentimentos e reações, mas, se soubermos como trabalhar essas emoções, sem cair em nosso padrão de comportamento, estaremos nos disponibilizando para os demais. E, mesmo que não haja nada substancial que possamos fazer para ajudar, as pessoas sentirão nosso apoio, o que ajuda muito.

Bodhichitta começa com essa aspiração, mas não para por aí. Bodhichitta também é um compromisso. Nós nos comprometemos a fazer tudo que for preciso para nos livrarmos completamente de todas as variantes de confusão, hábitos inconscientes e sofrimentos que nos assolam, pois isso nos impede de estar disponíveis para os outros. Na linguagem do budismo, nosso compromisso máximo é atingir a "iluminação". Em essência, isso significa saber quem realmente somos. Uma vez iluminados, estaremos totalmente ligados à nossa natureza mais profunda, que é fundamentalmente franca e generosa, compreensiva e disponível ao próximo. Saberemos que isso é verdadeiro, sem qualquer dúvida, sem nenhum retrocesso. Nesse estado, possuiremos o máximo possível de sabedoria e habilidade, que nos possibilitarão beneficiar os outros e ajudá-los a despertar de modo pleno.

Para preencher o compromisso de *bodhichitta*, precisamos aprender tudo o que há para aprender sobre nosso coração e nossa mente. É um grande trabalho. Provavelmente teremos que ler livros, ouvir ensinamentos e refletir profundamente sobre o que estudamos. Com uma prática regular de meditação sentada, também aprenderemos muito a nosso respeito. No final do livro incluí uma técnica simples de meditação, que pode ser usada em qualquer lugar. Por fim, precisaremos testar e esclarecer nosso conhecimento crescente, aplicando-o às nossas vidas, às situações em que nos encontramos naturalmente. Quando o *bodhichitta* se torna a base para nosso modo de viver cotidianamente, tudo que fazemos fica significativo. Nossa existência torna-se incrivelmente rica. É por isso que faz todo sentido nos lembrarmos de *bodhichitta* sempre que possível.

Às vezes, as maravilhosas motivações de *bodhichitta* afloram facilmente, mas quando estamos ansiosos ou preocupados conosco, quando nosso grau de autoconfiança está baixo, *bodhichitta* pode parecer além do nosso alcance. Nessas fases, o que podemos fazer para animar nosso coração e gerar o anseio corajoso de acordar para o benefício alheio? O que podemos fazer intencionalmente para dar meia-volta em nossa mente, quando ela está se sentindo pequena?

Meu primeiro mestre, Chögyam Trungpa Rinpoche, ensinou-me um método para mudar o curso da mente, que eu ainda sigo. A primeira coisa a fazer é lembrar de uma imagem ou história comovente, algo que aqueça naturalmente seu coração e o ponha em contato com as aflições humanas. Talvez alguém que você conheça tenha sido diagnosticado com câncer ou uma doença degenerativa. Ou uma pessoa querida, que tenha problemas com drogas ou álcool e estava bem por muito tempo, acabou de ter uma recaída. Ou, quem sabe, um amigo íntimo tenha sofrido uma grande perda. Talvez você tenha visto uma cena triste quando foi ao mercado, como uma interação dolorosa entre pai, ou mãe, e filho. Você pode também pensar na mulher sem teto que sempre vê a caminho do trabalho. E tem aquela notícia que leu ou a que assistiu, uma reportagem sobre fome ou sobre a deportação de uma família.

Trungpa Rinpoche dizia que o modo de despertar *bodhichitta* era "começar com o coração partido". Proteger-se da dor – nossa ou alheia – nunca funcionou. Todos querem se livrar do sofrimento, mas a maioria das pessoas age de modo a somente piorar as coisas. Proteger-se da vulnerabilidade de todos os seres vivos – incluindo a nossa própria – nos aliena da experiência completa da vida. Nosso mundo encolhe. Quando nossos principais objetivos são adquirir conforto e evitar desconforto, começamos a nos sentir desligados dos demais e até ameaçados por eles. Assim nos encerramos num emaranhado de medo. E, quando muitas pessoas e países adotam esse tipo de abordagem, o resultado é uma situação global conturbada, cheia de dor e conflito.

Ao fazermos tanto esforço para proteger o coração da dor, nos machucamos cada vez mais. Mesmo ao percebermos que isso não ajuda, é um hábito difícil de romper. Trata-se de uma tendência humana natural. No entanto, quando geramos *bodhichitta*, contrariamos essa tendência. Em vez de nos esquivarmos, despertamos a coragem de olhar francamente para nós mesmos e para o mundo. Em vez de sermos intimidados pelos fenômenos, passamos a abraçar todos os aspectos de nossas vidas inesgotavelmente ricas.

É possível acessar *bodhichitta* ao simplesmente nos permitir a vivência de nossos sentimentos brutos, sem sermos sugados por nossas ideias e histórias a respeito deles. Quando me sinto só, por exemplo, posso culpar a mim mesma ou fantasiar sobre as delícias de ter uma companhia. Mas tenho também a oportunidade de simplesmente tocar naquele sentimento de solidão e descobrir que *bodhichitta* está bem ali, no meu coração vulnerável. Posso perceber que minha solidão não difere daquela que todos os outros sentem neste planeta. Da mesma forma, meus sentimentos indesejados, de estar sendo deixada de lado ou acusada injustamente, podem me conectar com todos aqueles que estão sofrendo dessa mesma maneira.

Quando me sinto constrangida, fracassada, quando sinto que algo está fundamentalmente errado comigo, *bodhichitta* está presente nessas emoções. Quando cometi um grande erro, quando fracassei e não fiz o que havia me disposto a fazer, quando sinto a ferroada de ter decepcionado todo mundo – nessas horas tenho a opção de mobilizar o coração desperto de *bodhichitta*. Se eu de fato me conecto com minha inveja, raiva ou preconceito, estou me colocando no lugar de toda a humanidade. A partir desse ponto, o anseio de despertar para aliviar o sofrimento do mundo vem naturalmente.

Há uma longa história de pessoas que conseguiram desvelar sua bondade e coragem inatas através de uma prática dedicada. Algumas delas são figuras religiosas famosas, mas a maioria não é conhecida, como meu amigo Jarvis Masters, que está num presídio da Califórnia há mais de trinta anos. Nem sempre estaremos inspirados a seguir esses exemplos e ir destemidamente contra a corrente. Nossa autoconfiança irá oscilar. E os ensinamentos nunca nos dirão para dar um passo maior que as pernas. No entanto, se aumentarmos gradativamente nossa capacidade de estar presentes com nossa dor e com os sofrimentos do mundo, uma sensação cada vez maior de coragem irá nos surpreender.

Na prática de cultivar um coração partido, conseguimos criar a força e a habilidade necessárias para abarcar cada vez mais. Trungpa Rinpoche, que tinha enorme capacidade de enfrentar o sofrimento sem lhe dar as costas, sempre recordava de uma vez, no Tibete, quando ele tinha cerca de oito anos de idade. Ele estava no telhado de um mosteiro e viu um grupo de meninos apedrejando um filhote de cachorro até a morte. Apesar da distância, ele conseguia ver o olhar apavorado do cachorrinho e ouvir as risadas dos meninos, que faziam aquilo para se divertir. Rinpoche queria fazer algo para ajudar o cachorro, mas não era possível. Pelo resto da vida, bastava ele se lembrar daquele momento para sentir no coração um forte desejo de aliviar o sofrimento. A lembrança do cachorrinho incitava urgência ao seu desejo de despertar. Foi isso que o impulsionou a diariamente fazer o melhor uso de sua vida.

A maioria das pessoas, de um modo ou de outro, tenta fazer o bem. É um resultado natural da nossa bondade inata. No entanto, nossas motivações positivas muitas vezes se misturam a outros fatores. Algumas pessoas, por exemplo, tentam ser úteis porque se sentem mal consigo mesmas. Então esperam dar uma boa impressão aos olhos do mundo. Através de seus esforços, esperam aumentar o prestígio com os outros, o que então poderá aumentar sua autoestima. Baseada em minha longa experiência de viver em comunidades, posso dizer que essas pessoas costumam realizar um volume impressionante de coisas. Ouve-se dizer: "A Maria vale por seis", ou "Como eu queria que todo mundo fosse como o Jordan". Na maioria dos casos, são essas pessoas que você quer na sua equipe. Mas, ao mesmo tempo, elas não parecem próximas do despertar. Acho que todos conhecem alguém que diz coisas como "Eu vivo dando de mim e nunca me agradecem!" Esse tipo de frustração é um sinal de que questões subjacentes não estão sendo trabalhadas.

Algumas pessoas trabalham muito, dia e noite, ajudando o próximo, mas sua motivação mais forte é a de ocupar-se para não sentir a própria dor. Algumas são movidas pela ideia de serem "boas", incutida pela família ou cultura. Outras, por sentimentos de obrigação ou culpa. Algumas fazem o bem para ficarem longe de confusões. Outras são induzidas pela perspectiva de recompensas, nesta vida ou talvez numa existência futura. Algumas são até motivadas por ressentimento, raiva ou necessidade de controle.

Se dermos uma boa olhada para dentro, talvez descubramos que motivações desse tipo se misturam ao nosso desejo genuíno de ajudar o próximo. Não devemos nos flagelar em relação a isso, porque todas essas motivações vêm da nossa tendência humana de buscar a felicidade e evitar a dor. Contudo, elas nos impedem de ter uma conexão maior com nosso coração e com o do próximo, o que dificulta mais profundamente nossa capacidade de beneficiar os outros.

Em contrapartida, a motivação de *bodhichitta* leva a resultados mais profundos e duradouros, porque se baseia no entendimento da origem do sofrimento. No plano exterior, há o sofrimento imenso que vemos ou de que somos informados e que pode nos atingir de vez em quando – crueldade, fome, medo, abuso e violência, que castigam pessoas, animais e o próprio planeta. Tudo isso se origina de emoções como ganância e agressividade, que por sua vez têm origem na falta de entendimento da bondade inata da nossa verdadeira natureza. Essa ignorância está na raiz de todo nosso sofrimento. Está por trás de tudo que fazemos para prejudicar a nós mesmos e aos demais. Quando acordamos *bodhichitta*, nos comprometemos a superar tudo que obscurece nossa sabedoria interior e amabilidade, tudo que nos separa de nossa capacidade natural de nos identificar com os outros e beneficiá-los.

Esse despertar para nossa verdadeira natureza não acontece da noite para o dia. E, mesmo quando começamos a despertar e nos encontramos cada vez mais aptos a ajudar o próximo, é preciso aceitar que nem sempre podemos fazer algo – pelo menos não de imediato. Sem arrumar desculpas ou sucumbir à indiferença, precisamos reconhecer que é assim que as coisas são. Inúmeras pessoas e animais sofrem neste instante, mas o quanto podemos fazer para impedir isso? Se estivermos no telhado de um mosteiro, vendo meninos apedrejando um filhote de cachorro, talvez naquele momento só nos reste ficar ali, não dar as costas e deixar que aquela tragédia aprofunde nosso *bodhichitta*. Depois, podemos nos permitir a curiosidade de saber o que faz com que pessoas machuquem animais. Em vez de considerar o comportamento dos meninos como algo alheio a nós, podemos buscar suas raízes dentro de nós mesmos. Será que a agressividade e a cegueira por trás de tais atitudes residem em nosso coração? Se conseguirmos encontrar um denominador comum dessa forma, talvez estejamos em melhor posição de comunicação na próxima vez em que nos depararmos com algo similar. E, quando despertarmos completamente para nossa verdadeira natureza, teremos uma capacidade muito maior de influenciar os outros. No entanto, mesmo assim, o que podemos fazer para ajudar estará limitado pelas circunstâncias.

Portanto, ao acordarmos *bodhichitta*, é importante saber que é um projeto de longo prazo. Teremos que fincar pé por muito tempo e investir enorme esforço e paciência. A visão suprema de *bodhichitta* é a de ajudar cada ser vivo a despertar para sua verdadeira natureza. Nossa única chance de realizar isso é primeiramente atingindo nossa própria iluminação. Ao longo do caminho, podemos dar um passo de cada vez, dando nosso melhor para manter o anseio e comprometimento durante os altos e baixos da vida.

Ao ler este livro, por favor, tente focar no contexto mais amplo de *bodhichitta*. Isso será muito mais proveitoso do que ler para obter estímulo intelectual. Se você começar com o coração partido, com um coração que anseia em ajudar o próximo, é possível que descubra algumas coisas aqui e as leve para sempre. Entre todas as palavras deste livro, pode haver um parágrafo ou uma frase – talvez algo cuja importância eu nem tenha percebido – que entrará em plena sintonia com você. Alguma coisa pode mudar sua perspectiva e realmente aproximá-lo da capacidade de aliviar o sofrimento no mundo.

Estes ensinamentos não são simplesmente ideias minhas. São minha tentativa de transmitir a sabedoria que recebi dos meus mestres, que a receberam dos mestres deles e assim por diante, numa linha de sábios que remonta a milhares de anos. Se você os encarar com a motivação de *bodhichitta*, não há limite para o benefício que podem trazer. Quando estamos verdadeiramente ligados ao anseio de ajudar o próximo e comprometemos nossas vidas a esse propósito, podemos nos considerar incluídos entre os mais afortunados sobre a Terra.

Dois

Isso importa?

Quando começamos a nos perguntar "Isso importa?", percebemos a quantidade de aspectos presentes em cada situação. Começamos a avaliar nossa interligação com o resto do mundo e o modo como até o padrão dos nossos pensamentos pode levar a toda uma série de consequências.

À s vezes nos flagramos a ponto de fazer algo que não parece muito certo. Vamos reagir do modo habitual e sentimos uma ponta de dúvida ou mal-estar. Nessas horas, podemos evitar muitos problemas ao fazer uma simples pergunta: "Isso importa?"

Quando estou a ponto, por exemplo, de enviar um *e-mail* hostil ou difamatório, isso importa? Importa para mim? Importa para os outros? Quando estou a ponto de pegar algo que não me foi oferecido, isso importa? Faz alguma diferença, mesmo que ninguém descubra? Quando eu como o último pedaço, jogo a lata pela janela ou fuzilo alguém com os olhos, isso importa? Quais são as consequências do meu comportamento? Estou causando mal a mim mesmo ou aos demais? Se eu estourar com alguém, importa? Se eu me sentir justificado de fazer isso, importa? Importa se eu me desculpar? Que drama estas palavras ou este ato irão desencadear? Terão algum impacto maior no mundo?

ISSO IMPORTA?

Esses questionamentos estão intimamente relacionados a um dos principais interesses de Buda: como levar uma vida virtuosa. Todas as tradições espirituais se preocupam com a virtude, mas qual é o significado dessa palavra? Será o mesmo que seguir uma lista do que fazer ou não? Será que uma pessoa virtuosa precisa ser boazinha? Deve ser dogmática, rígida e presunçosa? Ou há espaço para ser brincalhona, espontânea e relaxada? Será possível aproveitar a vida e ser virtuoso ao mesmo tempo?

Como em muitas tradições espirituais, o *dharma* tem listas de atos positivos e negativos. Os budistas são incentivados a se comprometerem com alguns preceitos básicos, como não matar, não roubar nem mentir. Os membros da comunidade monástica, como eu, têm listas bem mais longas de regras a seguir. Contudo, o Buda não estabeleceu essas regras meramente para que as pessoas obedecessem a um código externo de comportamento. Seu principal interesse sempre foi o de ajudar as pessoas a se libertarem do sofrimento. Compreendendo que nosso sofrimento se origina de uma mente confusa, seu objetivo era nos ajudar a sair desse estado confuso. Assim sendo, ele encorajou ou não certas formas de comportamento que podem promover ou atrapalhar o processo de despertar.

Quando nos perguntamos "Isso importa?", podemos primeiramente olhar para os resultados exteriores, mais óbvios, dos nossos atos. Depois podemos nos aprofundar, examinando a maneira como estamos afetando nossa própria mente: será que estou tornando um velho hábito mais habitual? Será que estou fortalecendo propensões que gostaria de enfraquecer? Quando estou a ponto de mentir para salvar a cara ou manipulando uma situação a meu favor, aonde isso levará? Estou indo na direção de me tornar uma pessoa mais desonesta ou mais culpada, que se denigre? E quando minha experiência é a de praticar a paciência ou a generosidade? De que maneira meus atos afetam meu processo de despertar? Aonde me levarão?

Ao nos questionarmos dessa forma, começamos a ver a "virtude" sob nova ótica. O comportamento virtuoso não trata de fazer o "bem" porque sentimos que somos "maus" e precisamos nos redimir. O modo como decidimos agir pode ser orientado por sabedoria e gentileza, em vez de culpa ou dogma. Vista sob esse prisma, nossa questão então se resume a: "O que desperta meu coração e o que impede esse processo de acontecer?"

Na linguagem do budismo, usamos a palavra *karma*. É um modo de falar sobre os mecanismos de causa e efeito, ação e reação. Ou, como diz o ditado: "Tudo que vai, volta". Dizem que, se queremos saber sobre o nosso passado, devemos olhar para nossas circunstâncias presentes, pois elas resultam de nossos atos passados. Se quisermos saber do nosso futuro, devemos olhar para o que estamos fazendo agora. Acho que pensar neste último aspecto do *karma* é o que mais ajuda. Não há nada que se possa fazer para mudar o passado e o presente, mas o futuro está em aberto. O que faremos agora ajudará a criar esse futuro – que não é somente o nosso próprio, mas um futuro que compartilhamos com muitos outros.

Cada uma de nossas palavras e atitudes afeta o futuro, mas de onde vêm as palavras e os atos? Tudo começa em nossa mente. Quando cedemos a ressentimento, obsessão ou ideias moralistas, criamos diversos problemas para nós mesmos. Primeiramente, sofremos a dor imediata desses pensamentos e emoções. Depois, muitas vezes, agimos de modo a nos prejudicar ou a outros. Por fim, reforçamos um hábito que nos faz mal.

Essa última consequência é a mais traiçoeira. Na neurociência está se falando muito em neuroplasticidade. Nossos hábitos são como sulcos no cérebro, que vão se aprofundando à medida que seguimos nossos padrões de pensamento. Não há saída para o hábito, enquanto continuamos a seguir o mesmo padrão. Mas, quando interrompemos nosso comportamento habitual ou contrariamos nossas propensões, começamos a criar novos caminhos no cérebro.

Essa visão científica se assemelha muito à ideia budista de sementes cármicas. Com nossos atos e pensamentos estamos constantemente espalhando em nosso inconsciente sementes que acabarão dando frutos, quando as condições ideais se apresentarem. Digamos que você vá visitar sua prima Monique, com quem tem um longo histórico de irritabilidade. Durante a maior parte do tempo que passam juntas, sua constante sensação de aborrecimento se reforça. Isso coloca novas sementes de irritação no seu inconsciente. Mesmo que não jogue um copo na parede nem diga algo agressivo, isso é "atuado" em seus pensamentos – ficando lá na cama, digamos, ponderando por meia hora a longa lista de defeitos da Monique. Então você vai para casa e não a vê por algum tempo. Talvez até pare completamente de pensar nela, mas na próxima vez que ouvir seu nome, mesmo que depois de cinco anos, você se irrita de novo – e novamente reforça aquela propensão. Seja qual for sua reação, ela espalha mais sementes em sua mente, que produzem mais frutos no futuro, e assim por diante.

Essa é uma ilustração da nossa dificuldade de escapar dos padrões cíclicos habituais. Nesse exemplo, pode parecer que não há muito em jogo. Mas o que acontece quando essa é a situação com alguém com quem você convive ou trabalha, seja filho, marido, mulher ou patrão? O que acontece quando essa é a situação entre dois países? E mesmo no caso da sua prima Monique, que você raramente vê, há maiores repercussões. Sua irritação, por exemplo, pode provocar ressentimentos ou desacordos em sua família. Pode reforçar seu hábito característico de se aborrecer com facilidade. Pode fortalecer seu padrão de levar as coisas excessivamente para o lado pessoal, ou de focar nos defeitos dos outros, ou de não ser capaz de ver as coisas a partir do ponto de vista da outra pessoa. Quando começamos a nos perguntar "Isso importa?", percebemos a quantidade de aspectos existentes em cada situação. Começamos a ver o quanto estamos interligados ao resto do mundo e como até nossos padrões de pensamento podem levar a toda uma série de consequências.

Muitos dos meus professores falam sobre a necessidade de manter *payu*. Essa palavra tibetana pode ser traduzida como "discernimento", "atenção total" ou "conscientização". Quando passamos a entender que há repercussões para tudo que fazemos, dizemos e até para o que pensamos, nos inspiramos a manter o máximo possível de *payu*. Não chegaremos imediatamente a um estado em que nosso *payu* esteja tão bem sintonizado que não deixamos passar nada. Mas ajuda muito ter consciência das consequências cármicas e uma noção daquilo que fará as coisas melhores ou piores. Isso nos impede de ficarmos totalmente emaranhados em emoções dolorosas, como agressividade ou ganância. Ainda podemos sentir raiva ou ganância, mas *payu* evita que se vá até as últimas consequências dessas emoções, até o ponto de criar uma grande confusão. *Payu* nos torna mais inteligentes sobre o modo de levar a vida.

Nunca sabemos o que irá acontecer em nossa vida ou o que irá surgir em nossa mente. Tudo que fazemos deixa uma marca mental, que fica latente até a ocorrência das circunstâncias certas – por exemplo, quando ouvimos o nome "Monique". Dzigar Kongtrul Rinpoche compara isso a tirar uma foto com uma câmera Polaroid. Quando o filme é exposto à luz, as substâncias químicas do negativo reagem e a foto fica nítida.

Tive uma interessante experiência desse tipo há pouco tempo. Fui tomada por um sentimento que não tinha há décadas – um sentimento de rejeição, quase como ter recebido um fora numa relação. Quando eu era adolescente, isso representava muito, pois constantemente me sentia assim. Eu nunca tinha as roupas certas, o cabelo certo – basicamente, eu não me enquadrava na descrição exigida para o emprego de ser humano. Mas quando esse sentimento retornou há pouco tempo, eu não fazia ideia de sua origem. Não levei nenhum fora ultimamente, mas de qualquer forma surgiu aquela mesma sensação de solidão, de abandono. Era completamente irracional e, mesmo assim, por alguma razão desconhecida, as condições ideais chegaram para que a Polaroid revelada aparecesse. No entanto, ao contrário de quando eu era adolescente, essa experiência não teve poder sobre mim. Isto por que eu consegui vê-la pelo que era, em vez de ficar imersa nela e espalhar mais sementes da sensação de rejeição.

Embora não se possa prever ou controlar o que virá ou como nos sentiremos a respeito, algo pode ser feito em relação ao modo de reagirmos. Podemos trabalhar na maneira de nos relacionarmos com o que vier. É aí que entra o "Isso importa?" A pergunta quer dizer que sempre temos uma escolha para nosso modo de reagir. E, quanto mais seguimos adiante tendo *payu* em mente, mais acessível nos será essa escolha.

Quando ocorrem eventos indesejados em nossa vida, é difícil romper com nossos padrões habituais. Tendemos a cair na armadilha e a proceder cegamente, sem qualquer *insight*, o que apenas perpetua nosso hábito. Outras vezes, somos tentados a ir atrás de algo que sabemos que nos fará mal – um comportamento nocivo, uma relação prejudicial, um alimento não saudável – e o impulso da nossa propensão é forte demais. Durante qualquer dessas situações desafiadoras, é fácil achar que estamos fadados a repetir nossos padrões até o fim dos tempos.

Entretanto, podemos olhar para isso de um modo bem mais otimista. Se nossa meta é despertar, para nosso próprio benefício e o de outros seres vivos, então é necessário mudar. Essas épocas desafiadoras nos dão a maior oportunidade de mudança. Cada vez que nos pegamos seguindo a mesma trilha de uma reação habitual, temos a chance de interromper a dinâmica e descobrir uma nova direção e profundidade para nossa vida.

Como dizia Trungpa Rinpoche: "Cada experiência pode ser transformada num novo obstáculo ou num modo de nos libertarmos". Ele dá o exemplo de olhar para baixo e ver uma mosca na perna. Se a sua tendência for de agressividade em relação às moscas, você pode seguir com esse sentimento e *plaft*, matar a mosca. Isso vira meio de criar um obstáculo futuro; você semeia mais agressividade e insensibilidade, o que retarda o processo de despertar o coração. Por outro lado, mesmo indo contra sua tendência, você pode tentar uma reação amistosa para com a mosca. Poderia simplesmente olhar para ela com gentileza e deixá-la ficar lá ou pôr a mão perto dela para que voe. Isso transforma a visita da mosca de um acontecimento chato em uma oportunidade de semear gentileza e tolerância, uma apreciação da sacralidade da vida. Transforma-se numa pequena medida para abrir um pouco mais o coração e a mente – em outras palavras, para se libertar.

Não estamos condenados, de jeito nenhum, por qualquer coisa que aconteça; podemos começar a dar o nosso melhor agora mesmo. Sempre há uma pequena coisa que podemos fazer para alterar nossa reação habitual, mesmo que só um pouquinho. Fazendo algumas respirações conscientes, recuando por um instante, dando uma volta na quadra para modificar a energia. Pode ser qualquer coisa, contanto que interrompa o processo de agravar nosso sofrimento, que ocorre sempre da mesma maneira, repetidamente.

A superação de nossos hábitos não vai acontecer da noite para o dia. Se você tem uma forte propensão a comer algum alimento em excesso, é um pouco duro esperar que de hoje em diante vá parar com isso de vez. Digamos que esteja no escritório, tentando se concentrar no trabalho, e um forte cheiro de bicoito de chocolate entra pela janela? (Sendo que este é exatamente o alimento que você come em excesso.) Como lidar com a situação de um modo sadio? Será preciso fechar a janela, ir para o canto mais distante da sala e sentar em posição de lótus até que o cheiro passe? Não é uma solução realista. Por outro lado, você também pode evitar o extremo oposto. Não precisa correr escada abaixo para buscar os biscoitos. Simplesmente pare por um instante, fique bem onde está e, sem ressalvas, experimente seu anseio por aqueles biscoitos. Este pequeno esforço fará algo que irá afetar seus hábitos, alterar os caminhos do seu cérebro. Depois, mesmo que você desça e coma alguns biscoitos, estará ciente de que conseguiu mudar um pouco seu padrão habitual. Se continuar aplicando esse método, essas mudanças irão se acumular. Por fim, o cheiro de biscoito de chocolate não terá mais o mesmo efeito avassalador em sua mente. Mas isso não quer dizer que você não possa comê-los.

Tudo que fazemos, dizemos ou até pensamos realmente importa. Tudo conta, tudo deixa uma marca em nossa mente. Entretanto, ao mesmo tempo, há muito espaço para relaxar e apreciar o que a vida tem a oferecer. Perguntar se algo importa e trabalhar com *payu* é um método suave, mas eficaz, de trabalhar nosso *karma* e gradativamente transformar nossa mente e seus hábitos. Se pegarmos o jeito dessa abordagem, iremos aproveitar a vida mais que nunca, pois não estaremos sendo continuamente arrastados por nossas propensões autodestrutivas. É por isso que Buda nos incentiva a levar uma vida virtuosa.

Três

Superar a polarização

A época em que vivemos é um terreno fértil para o exercício de abrir mente e coração. Se aprendermos a conter essa desintegração sem polarizar e sem nos tornarmos fundamentalistas, qualquer coisa que se faça agora terá um efeito positivo no futuro.

Há muitas maneiras de se falar sobre os problemas deste mundo mas, de um modo ou de outro, todos têm a ver com polarização. Todos nós temos a tendência de dividir pessoas, coisas e ideias em categorias bem contrastantes. Consciente e inconscientemente, espalhamos conceitos como "nós" e "eles", "certo" e "errado", "digno" ou "indigno". Nesse esquema não sobra muito espaço para o meio termo; tudo se encontra num polo ou noutro. Quando grupos de pessoas ou nações inteiras se reúnem em torno desses conceitos, eles podem se ampliar imensamente, o que resulta em sofrimento de larga escala: discriminação, opressão, guerra.

Esses problemas nacionais e globais têm suas raízes nos mecanismos sutis de nossas mentes individuais. Todos nós, em diferentes medidas, experimentamos algum sentimento interno de oposição, uns com os outros, e com o mundo que nos cerca.

Nunca estamos muito satisfeitos com nosso modo de ser, com o dos outros, nem com as coisas do jeito que são. Muitas vezes isso se traduz numa aversão a qualquer coisa que estamos vivenciando. Não gostamos do que está acontecendo e queremos nos livrar disso. Tudo pode começar com um grau sutil de aversão, que pode se desenvolver numa irritação óbvia. Daí pode aumentar até uma raiva ou ódio de grandes proporções. Outras vezes, nosso sentimento de oposição tem a ver com desejo ou anseio. Por exemplo, podemos querer muito um objeto ou situação por achar que aquilo nos fará felizes. Mas esses desejos também se baseiam na visão das coisas separadas de nós, que vemos como "alheias". Em qualquer dos casos – aversão ou desejo – caímos numa forma de polarização. Quer estejamos "a favor" ou "contra", o que há é uma falta de abertura e relaxamento em nossas mentes. Se nos observarmos com atenção, provavelmente descobriremos que na maioria das vezes é assim.

Felizmente, existem maneiras bem eficazes de trabalharmos nossa tendência a polarizar. Podemos começar observando a qualidade "a favor" e "contra" de nossos pensamentos, palavras e ações e refletir a respeito. Podemos também notar e aproveitar aqueles momentos em que não estamos polarizando. Questionamos: estou perpetuando minha atitude de oposição? Ou estou diminuindo o vão entre mim e o mundo, contrariando essa tendência? Estou aumentando meu senso de separação do outro? Ou estou nutrindo *bodhichitta*, o anseio e comprometimento de despertar para o benefício de todos os seres vivos?

Em nível de ato físico, o trabalho com a polarização é bem direto. Por exemplo, se abro a torneira do chuveiro e vejo uma aranha na banheira, tenho duas opções básicas. Posso deixar a água correr e deixar a aranha entregue ao próprio destino. Esse é um ato de polarização, pois cria um vão entre nós. Minha aversão ou indiferença pela aranha me cega para o que temos em comum como seres vivos. Nós duas queremos estar felizes e não sofrer; nós duas queremos viver, não morrer. Minha outra opção é fechar a torneira, pegar um pedaço de papel higiênico e usá-lo para ajudar a criaturinha a sair do perigo. Então posso pensar, "O dia mal começou e já salvei uma vida!" Como disse Dzigar Kongtrul Rinpoche certa vez: "Talvez seja um pequeno acontecimento para você, mas é enorme para a aranha." Em certo sentido, porém, pode ser um grande acontecimento para mim também, porque nutre o despertar do meu coração. Podemos tentar passar os dias com uma consciência mais elevada de nossos atos, aproveitando cada oportunidade para diminuir o vão.

Às vezes seremos bem sucedidos, outras não. Podemos até fracassar terrivelmente. O que acontece, então? Digamos que você sinta tamanha aversão por alguém que chega a empurrar a pessoa, bater nela ou até pior. Esse tipo de agravamento pode acontecer a qualquer um. Quando surgem as condições ideais para a tormenta de frustrações, não é preciso ser uma pessoa classicamente violenta para perder o controle. O que você deve fazer então? Qual é a melhor maneira de dar as costas para seu comportamento polarizador e voltar ao caminho de *bodhichitta*?

Um método popular de lidar com esse tipo de atitude é sentir culpa. Se o que fizemos foi especialmente agressivo ou ferino, essa culpa pode durar muito tempo, talvez até pelo resto da vida. Mas esconder-se num estado de culpa não vai nos ajudar a superar nosso sentimento de distanciamento. Não contribuirá em nada para nosso despertar. Então, em vez de reagir com culpa ao que fizemos, podemos aproveitar a situação e usar nossa experiência desagradável para ficarmos mais espertos. Se, num momento de raiva, você empurrou alguém, pode começar a virar a jogada simplesmente reconhecendo seu comportamento hostil.

Permita-se a total consciência de que acrescentou agressividade e conflito ao nosso planeta – o qual não precisa disso mais do que já tem, como bem se sabe. Você pode se arrepender do que fez, mas é importante fazer o possível para ultrapassar a opressão da viagem culposa. Ficar consciente dessa maneira, sem se flagelar, pode representar um enorme recuo de seus padrões anteriores de se proteger do fato de ter comportamentos negativos, reprimindo-os ou ignorando-os. Pois nesse momento você tem a chance de transformar seu erro em algo positivo.

O que você acabou de fazer deixa-o vividamente ciente da dolorosa realidade de que em todo o mundo, todos os dias, as pessoas empurram umas as outras, apunhalam, baleiam, são cruéis de várias formas. Isso tudo acontece devido à ignorância – ignorância de nossa interligação uns com os outros e da nossa bondade inata. Mas agora, em vez de se flagelar pelo deslize, você pode aspirar uma maior consciência das suas atitudes ferinas e do quanto esses atos estão espalhados pelo mundo. Sua atitude abriu-lhe os olhos para a condição humana, para o quanto somos frágeis e vulneráveis. Esse pensamento desolador o faz ansiar pela realização de qualquer coisa possível para ajudar. Através de sua experiência, você entende a importância de encontrar um modo de trabalhar seus padrões habituais, de aprender como ficar presente com suas emoções sem deixar que elas transbordem e derramem em forma de ação. Para começo de conversa, você quer ficar totalmente consciente de como chega àquele extremo, àquele ponto polarizado. É assim que renova naturalmente seu comprometimento de despertar para o benefício dos demais. Dessa maneira seu erro aparente pode se tornar uma fonte de *bodhichitta*.

A ideia é ficarmos cada vez mais conscientes do que estamos fazendo e de que nossas ações têm consequências. Examinar nosso comportamento para ver se ele é polarizador é uma extensão da pergunta "Isso importa?". Uma vez enxergando o que está em jogo – não apenas para nós mesmos, mas para o ambiente que nos cerca e para o planeta como um todo, que tanto sofre com a polarização – ficamos naturalmente motivados a adotar *payu*, a atenção. Podemos aos poucos refinar *payu* para que esteja presente em níveis mais sutis do nosso comportamento, começando por nossas palavras.

Faz muito tempo que não empurro alguém e faço todo o possível para não ferir nenhum animal, nem mesmo os insetos e roedores mais importunos – mas a fala representa um nível bem diferente de desafio. Todos nós reconhecemos o quanto é difícil não deixar que palavras nocivas nos escapem da boca. Existe uma imensa variedade de falas polarizadoras, dos insultos e mentiras grosseiras à difamação e fofoca, além de todas as outras formas que temos de criar divisões entre as pessoas. Às vezes, nosso discurso polarizador é tão familiar e tão aceito entre as pessoas com quem andamos que nem percebemos o mal que pode estar causando. Assim como acontece com a atitude física, o método de superar a fala polarizadora é nos tornarmos mais conscientes do que estamos fazendo – sem cair na culpa – e usar nossas experiências lamentáveis como modo de aumentar *bodhichitta*.

Então chegamos ao nível mais sutil de polarização, o mental. Ao contrário de nossos atos e palavras, nossos pensamentos não chegam ao mundo com repercussões flagrantes. Mas serão esses pensamentos realmente sem importância? Estamos lá sentados, inofensivamente pensando com nossos botões: "Ela bem merece que baixem a bola dela. E o que ele fez foi muito errado. Sei disso porque fiz uma enquete e todo mundo concordou comigo." Podemos ficar ali o dia todo, numa sequência de pensamentos críticos, intolerantes, sem perceber o quanto de polarização mental estamos criando. Os sulcos em nosso cérebro aprofundam-se com cada pensamento repetitivo, formando padrões, crenças e atitudes habituais. Conscientes ou não, esses padrões aumentam nossa propensão a nos distanciarmos do outro e vão sutilmente minando nosso desejo de despertar para o benefício de todos. Além disso, é inevitável que acabem se expondo em nossa fala e atitude. Se você está sempre julgando o Isaías mentalmente, há uma boa chance de que ele acabe descobrindo o que você acha dele de fato e não vai ser legal. Mas se você nunca se entrega a pensamentos críticos sobre a Gabriela, não há chance de que vá ser agressivo com ela depois de uma noite mal dormida. Se criarmos uma cautela saudável em relação ao poder destruidor dos nossos pensamentos, teremos muito mais incentivos para cortar pela raiz nosso pensamento crítico. Assim, ficaremos bem mais à vontade em todas as situações, especialmente quando estamos com pessoas que nos dão nos nervos.

O ponto mais problemático da polarização é quando desumanizamos as pessoas, quando esquecemos que aquelas que julgamos, criticamos e de quem discordamos são tão humanas quanto nós mesmos. Essa desumanização pode se manifestar de uma forma óbvia, como *apartheid*, escravatura, brutalidade policial ou genocídio. Mas algum grau desse tipo de preconceito existe na mente de todos. Se formos honestos conosco, veremos que habitualmente desumanizamos os outros por várias razões. Por exemplo, se as pessoas têm visões políticas que consideramos estreitas ou retrógradas, é bem possível que nos seja problemático vê-las como totalmente humanas. Se elas não acreditam em mudanças climáticas ou na evolução, talvez inconscientemente as desqualificamos como membros totalmente desenvolvidos da raça humana. Podemos condenar os outros por seu comportamento ou criticá-los porque fumam, bebem ou usam roupas que consideramos cafonas. Até mesmo essas diferenças irrisórias de hábitos e preferências podem nos provocar uma sensação de grande separação das pessoas.

Se nos comprometermos a manter a atenção em nossa tendência polarizadora e pelo despertar de *bodhichitta* a neutralizamos, pouco a pouco fecharemos esses hiatos e seremos capazes de ver todas as pessoas como nossos semelhantes, querendo ser felizes como nós. Isso inclui não apenas os que negam as mudanças climáticas e os fumantes, mas até aqueles que, cruel e insensivelmente, impingem sofrimento ao próximo, tais como agentes de crimes de ódio, dirigentes gananciosos de corporações, predadores sexuais e criminosos que se aproveitam de idosos.

Gosto de uma prática chamada "Assim como eu". Você vai a um lugar público e fica lá sentado, observando. Engarrafamentos são ótimos. Concentrando-se numa pessoa, diga a si mesmo coisas como: "Assim como eu, essa pessoa não quer sentir desconforto. Assim como eu, ela às vezes se perde. Assim como eu, não quer se sentir rejeitada. Assim como eu, quer ter amigos e intimidade".

Não podemos pressupor que sabemos exatamente o que outra pessoa está sentindo ou pensando, mas, de qualquer forma, sabemos muito uns sobre os outros. Sabemos que as pessoas querem ser queridas e não odiadas. Sabemos que a maioria é dura consigo, que muitas vezes são atingidas emocionalmente, mas que desejam ser úteis de alguma maneira. Sabemos que, basicamente, todo ser humano deseja a felicidade e não o sofrimento.

Se virmos os outros sob a ótica do "Assim como eu", temos uma base forte para nos ligarmos a eles, mesmo nas situações em que a polarização parecer o mais natural e razoável. Mesmo quando grupos religiosos radicais decapitam pessoas ou um pistoleiro racista assassina pessoas que rezam na igreja, há espaço para sentir nossa conexão com os criminosos em vez de desumanizá-los.

A mãe de James Foley, um dos jornalistas decapitados pelo Estado Islâmico, disse a respeito do executor de seu filho: "Precisamos perdoá-lo porque ele não tinha ideia do estava fazendo". Esse nível de compaixão só ocorre quando se tem uma noção da complexidade das razões que levam uma pessoa a cometer tais crimes. Aqueles que creem na violência estão desesperados para ter algum tipo de apoio sob os pés, para fugir de seus sentimentos desagradáveis, para serem aqueles que estão certos. O que faríamos, se nos sentíssemos tão desesperados?

Não é fácil ter compaixão por quem nos prejudicou, especialmente por aqueles que nos tolheram de entes queridos. Não devemos sentir que algo está errado conosco, se no momento não temos esse grau de compreensão e compaixão. Na verdade, é bastante excepcional sentir-se assim. Como precursora desse grau de empatia, a tristeza – a simples tristeza – costuma ser mais acessível. Nesses casos, por exemplo, de violência cometida por militantes radicais, podemos sentir uma tristeza profunda pela situação como um todo. Junto à nossa tristeza pelas vítimas, também ficamos tristes por esses rapazes sentirem tanto ódio, tristes por eles estarem presos nesse padrão de ódio. Visto que as coisas têm causas tão complexas e de longo alcance, nos entristecemos pelas circunstâncias de ignorância ou sofrimento passado que criaram o ódio manifestado agora nesses jovens. Podemos utilizar essa tristeza superabrangente para despertar o sentimento desolador que estimula *bodhichitta*.

Ter compaixão não significa deixar de assumir uma posição. É importante se manifestar quando nos ferem, quando vemos outros sendo feridos e quando observamos ou vivenciamos exemplos de abuso de poder. É igualmente importante ouvir atentamente e sem julgamento quando as pessoas falam sobre suas experiências e sofrimentos. O que for anômalo precisa sim ser abertamente abordado.

Vivemos um tempo em que os velhos sistemas e ideias estão sendo questionados e em desintegração, sendo esta uma grande oportunidade para o surgimento de algo novo. Não faço ideia do que será e nem tenho ideias preconcebidas sobre como as coisas deveriam se revelar, mas tenho a forte sensação de que a época em que vivemos é um terreno fértil para o exercício de abrir coração e mente. Se aprendermos a conter esta desintegração sem polarizar e sem nos tornarmos fundamentalistas, qualquer coisa que se faça agora terá um efeito positivo no futuro.

Trabalhar com polarização e desumanização não vai dar um fim imediato à ignorância, violência e ódio que assolam este mundo mas, se cada vez que nos flagramos polarizando, através de pensamentos, palavras ou ações, fizermos algo para fechar esse hiato, estaremos injetando um pouco de *bodhichitta* em nossos padrões habituais. Estaremos aprofundando nosso apreço pela interligação que temos com os outros. Estaremos fortalecendo a cura, em vez de atrapalhá-la. E, devido à nossa interligação, ao mudarmos nossos padrões, ajudamos a mudar o padrão da nossa cultura como um todo. Os resultados não ficarão imediatamente aparentes. É provável que você não perceba grandes mudanças em apenas uma semana ou mesmo um ano. Mas, por favor, não desista facilmente, pensando: "Esse *bodhichitta* não funciona para mim. Vou atrás de algo que dê resultados mais imediatos e palpáveis". Acredite quando eu digo que sua paciência irá surtir efeito. Se você se comprometer a superar a polarização mental, modificará sua vida e ajudará o mundo também.

Quatro

A arte do fracasso

Se conseguirmos ir além da culpabilidade e outros escapes, e simplesmente sentirmos a qualidade nua e crua da nossa vulnerabilidade, entraremos num espaço onde o melhor de nós irá se revelar.

Nosso hábito humano natural é a esperança contínua por nada além de felicidade e prazer. Estamos sempre buscando uma maneira de não sentir a parte desagradável. Contudo, só embarcaremos de corpo e alma num caminho genuinamente espiritual quando começarmos a ter a sensação inquietante de que esse sonho nunca se realizará. Sem ter uma noção dessa realidade, dificilmente nos abriremos para a totalidade da vida. Pelo contrário, continuaremos seguindo os hábitos que nos mantêm presos a uma ansiedade e insatisfação repetitivas, geração após geração, ao longo do tempo.

O Buda muito falou sobre a importância de trabalhar o próprio ego. Mas o que ele queria dizer com "ego"? Há várias maneiras de falar sobre essa palavra, mas a definição "aquilo que resiste ao que é" particularmente me agrada. O ego luta contra a realidade, contra o final aberto e o movimento natural da vida. Sente-

-se muito desconfortável com a vulnerabilidade e a ambiguidade, com a incerteza de como especificar as coisas.

Alguns anos atrás, fui convidada a fazer um discurso de formatura na Universidade de Naropa.[1] Pensei muito no que poderia dizer a um grupo de pessoas que estava para se lançar ao mundo, sem ter ideia do que iria acontecer. É claro, nenhum de nós sabe o que vai acontecer, mas formar-se numa faculdade pode ser uma transição especialmente desafiadora. Por alguns anos você tem seu *campus* familiar, sua rotina e estilo de vida estudantil. De repente, as coisas não são mais as mesmas e sua vida fica em aberto.

Pensei no quanto dão ênfase ao sucesso, mas muito pouco ao fracasso na educação. Então, decidi falar sobre a arte do fracasso. Como disse aos estudantes, aprender a fracassar nos ajudará mais que qualquer outra coisa na vida – pelos próximos seis meses, pelo próximo ano, pelos próximos dez, vinte anos, pelo tempo que vivermos, até cairmos mortos.

Quando fracassamos – em outras palavras, quando as coisas não saem do jeito que queremos – sentimos nossa vulnerabilidade de uma maneira crua e poderosa. Nosso ego desconfortável tenta escapar dessa crueza. Um dos métodos mais comuns é dar a culpa de nosso fracasso a algo externo. Nosso relacionamento não funciona, então culpamos a outra pessoa – ou talvez todo seu gênero. Não conseguimos encontrar um emprego, então culpamos nossos empregadores em potencial, a sociedade como um todo ou a situação política atual. A outra abordagem comum é nos sentirmos mal a nosso respeito e nos rotularmos como fracassados. Seja como for, no fim acabamos sentindo que há algo fundamentalmente errado conosco.

---

1 Para obter o texto completo desse discurso, veja Pema Chödrön, *Fail, Fail Again, Fail Better* (Louisville, CO: Sounds True, 2015)

No entanto, há uma terceira via, que é a de nos treinar para sentir o que sentimos, simples assim. Gosto de chamá-la de "manter a crueza da vulnerabilidade dentro do coração". Quando resistimos ou tentamos escapar "daquilo que é", geralmente ocorre algum tipo de sinal físico – um aperto ou contração em algum lugar do corpo. Quando você notar esse sinal de resistência, tente manter aquele sentimento bruto de desconforto por um instante, o tempo suficiente para que o sistema nervoso comece a se acostumar a ele.

Trungpa Rinpoche disse certa vez que não temos paciência para aguentar sentimentos desconfortáveis nem por três minutos. Quando ouvi aquilo, pensei, "Três minutos! É suficiente para conquistar algum tipo de grande prêmio!". Hoje em dia, aguentar um desconforto por três segundos já é muito esforço para a maioria das pessoas. Mas, seja qual for a quantidade de tempo, a ideia é ir aumentando aos poucos, no seu próprio ritmo. Continue tentando ficar lá mais um pouco.

Talvez você tenha uma ideia fixa sobre o que está sentindo, seja apreensão, raiva ou decepção. Mas, quando se permite ficar presente com o sentimento e o vivencia de modo direto, descobre que não consegue determiná-lo tão facilmente. Aquela "apreensão" ou "raiva" continua se metamorfoseando e mudando. Mesmo que aquela sensação desagradável o inquiete, mesmo que pareça tão ameaçadora, ao olhar bem, você descobre que não consegue encontrar algo realmente substancial.

O ego quer resolução, quer controlar a transitoriedade, quer algo seguro e certo ao qual se segurar. Congela o que é fluido, agarra-se ao que está em movimento, tenta escapar da bela verdade da natureza plenamente viva de tudo. Em consequência, nos sentimos insatisfeitos, inquietos, ameaçados. Passamos grande parte do tempo numa gaiola criada por nosso medo do desconforto.

A alternativa a essa luta é treinar para manter a crueza da vulnerabilidade no coração. Através dessa prática, acabamos acostumando o sistema nervoso a relaxar com a verdade, a relaxar com a natureza transitória, incontrolável das coisas. Podemos lentamente aumentar nossa capacidade de expandir em vez de contrair, de soltar em vez de agarrar.

Toda vez que praticamos manter a crueza da vulnerabilidade no coração, obtemos um pequeno vislumbre das coisas como realmente são. Temos a experiência direta de como nada se mantém igual, nem por um instante. Não conseguimos fazer com que algo fique parado, nem tentando. Tudo que vemos, ouvimos, cheiramos, tocamos e pensamos está em constante mudança. Nem mesmo nossas emoções mais pesadas, mais desagradáveis, têm solidez.

A Beyoncé tem um videoclipe da canção "Pretty Hurts" em que ela realmente capta o que é sentir-se um fracasso. Seu sentimento é muito cru e ela põe tudo lá, na canção. Dá para perceber que, mesmo sendo um sucesso estrondoso com tudo andando a seu favor, ela não poderia ter feito a canção se não tivesse tido alguma experiência real de sentir o fracasso. Quando somos capazes de manter a crueza da vulnerabilidade no coração, podemos usar essa energia para criar poesia, prosa, dança, música, canções. Podemos fazer daquilo algo que comunique, que toque as pessoas. Desde o início dos tempos, os artistas fazem isso.

Se interrompermos nossos sentimentos desagradáveis sem consciência ou curiosidade, se sempre os mascararmos ou tentarmos afugentar nossa vulnerabilidade, o resultado serão vícios variados. Dali sairá agressividade e violência contra os outros – todas as coisas feias. Por outro lado, se conseguirmos ir além da culpabilidade e outros escapes, e simplesmente sentirmos a qualidade nua e crua da nossa vulnerabilidade, entraremos num espaço onde o melhor de nós irá se revelar.

Todos nós temos um imenso potencial e contudo nos fechamos num mundo muito pequeno, amedrontado, baseado no desejo de evitar o desagradável, o doloroso, o inseguro, o imprevisível. Existem vastas e ilimitadas riquezas e maravilhas a serem vividas, se acostumarmos nosso sistema nervoso à realidade incerta, de final aberto, das coisas como elas são.

Como dizia Trungpa Rinpoche: "Existem sons que você nunca ouviu, odores que nunca sentiu, imagens que nunca viu, pensamentos que nunca teve. O mundo é espantosamente cheio de potencial para uma abertura cada vez maior, para ser experimentado de modo sempre mais amplo." Quando aprendermos a manter a crueza da vulnerabilidade no coração, seremos capazes de experimentar a vastidão do universo em nossos corações e mentes.

Cinco

O caminho da não rejeição

Somente aprendendo a abraçar todos os aspectos de nós mesmos – até os elementos aparentemente mais negativos de nossos corações e mentes – é que aprenderemos a abraçar o próximo de maneira total. Somente descobrindo a bondade inata, tanto em nosso lótus quanto em nossa lama, é que passaremos a ver a bondade inata de todos os seres vivos.

Nos ensinamentos budistas, costumamos nos deparar com a analogia do lótus e da lama. O lótus tem suas raízes na lama, cresce na água lamacenta até perfurar a superfície e brotar em forma de uma flor espetacular que a todos encanta. O lótus representa a beleza e pureza da nossa natureza fundamental, ou seja, nossa bondade inata. E aquela lama nojenta? Aquilo simboliza tudo de negativo dentro de nós, tudo de que gostaríamos de nos livrar: a confusão, os hábitos autodestrutivos, a tendência a nos escondermos por trás de uma mente polarizada e um coração fechado. Ao trabalharmos e nos sobrepormos a essas negatividades, descobrimos nossa bondade inata e alcançamos todo nosso potencial como seres humanos.

Mas embora essa profunda analogia tenha ajudado muitas pessoas através dos séculos, ela pode ser facilmente mal interpretada, como se contivesse um elemento de rejeição. Podemos achar que o ponto é rejeitar a parte em nós que é lama em favor da parte que é lótus. Vamos querer nos livrar de tudo que é nojento e manter apenas o que consideramos belo. Contudo, essa abordagem irá somente intensificar nossa luta com nós mesmos e acrescentar outra camada aos conflitos emocionais internos. E isso irá bloquear nossa prática de *bodhichitta,* porque nos impedirá de entrar em contato com a dificuldade humana universal.

Ao longo dos anos, meus professores me orientaram a abordar este tópico de uma maneira mais refinada. Uma expressão de que gosto muito, vinda de Anam Thubten Rinpoche, é "o caminho da não rejeição". Como ele escreveu numa carta aos seus discípulos alguns anos atrás, "ensinamentos de sabedoria nos dizem para não rejeitar nada em nós mesmos e abraçar todos os aspectos como iguais. O ouro é igual ao pó. O lótus é parte da lama".

Quando temos sentimentos dolorosos, indesejáveis, difíceis ou constrangedores de qualquer tipo, geralmente tendemos a agravar a emoção ou reprimi-la. Isso quase sempre acontece sem que percebamos o que estamos fazendo. Quando ficamos mais conscientes do que se passa em nossa mente, podemos achar que então deveríamos lutar contra nossos velhos hábitos e emoções descontroladas. Podemos reagir baseados em ideias de bom e mau, digno e indigno. Mas os ensinamentos nos incentivam a ir além desses julgamentos limitantes, polarizadores e muitas vezes errôneos, e a não ficar contra nenhuma parte de nós mesmos. Ao contrário, podemos adotar uma atitude que, sob um ponto de vista convencional, é bem radical: podemos reconhecer todas as coisas que consideramos negativas em nós mesmos e abraçá-las como faríamos com nossas qualidades supostamente positivas.

Essa ideia parece ousada e instigante, mas como pô-la em prática de fato? Como adotar essa atitude contraintuitiva, quando nossas emoções e neuroses nos atingem duramente, daquele modo doloroso, distante da teoria, como costuma ser? Aprendi alguns métodos eficazes, dois dos quais irei compartilhar aqui.

O primeiro método baseia-se num ensinamento de Tulku Thondup Rinpoche. Quando qualquer sentimento indesejado surgir, o primeiro passo é senti-lo o mais completamente possível naquele momento. Ou seja, mantenha a crueza da vulnerabilidade no coração. Respire com ele, permita que ele o toque, que resida em você – abra-se a ele o mais totalmente que puder. Depois fortaleça ainda mais esse sentimento, sinta sua intensidade. Faça isso de qualquer maneira que funcione para você, de qualquer maneira que torne o sentimento mais forte e mais sólido. Faça isso até que o sentimento fique tão pesado que seria possível segurá-lo na mão. Nesse ponto agarre o sentimento e depois solte-o, deixe que vá embora. Deixe que flutue, como um balão, para qualquer ponto no vasto âmbito do vazio espacial. Deixe que vá flutuando pelo universo, dispersando-se em partículas cada vez menores, que vão ficando incrivelmente minúsculas e distantes.

Essa prática não é para se livrar da lama, mas sim para colocar nossas emoções, pensamentos, problemas e questões – "tudo de ruim" que normalmente não queremos – em perspectiva. Ao invés de agravar, reprimir ou rejeitar, intencionalmente entramos em contato com o sentimento, nos apoiamos nele, o intensificamos e então o deixamos partir para um novo contexto – o vasto espaço do universo, que tudo acomoda. Sempre achei este método especialmente útil e acessível, quando caio na armadilha e minhas emoções parecem muito reais e sólidas.

O segundo método de não rejeição é o *tonglen*, que em tibetano significa "enviar e receber". Com essa prática radical, revertemos as tendências habituais de nos prendermos ao prazer e ao conforto e rejeitarmos a dor e o desconforto, ou seja, de nos agarrarmos àquilo que desejamos e afastarmos o indesejável. Essas tendências, que em grande parte se baseiam em medo e confusão, impedem o despertar da nossa natureza bondosa inata. São também os principais obstáculos à nossa capacidade de apoiar os outros e ajudá-los a também despertar.

Aqui darei uma visão geral da prática e de sua atitude concomitante. (Instruções detalhadas sobre a mecânica da prática de *tonglen* encontram-se na sessão de práticas, no final deste livro.) Ao praticar *tonglen*, coordenamos mente e respiração. Com cada expiração nós *enviamos*, com cada inspiração nós *recebemos*. Vou começar pelo aspecto do receber, que tem uma ligação mais óbvia com o tópico da não rejeição. Durante cada inspiração, imagine que está inalando as coisas desagradáveis que normalmente rejeitaria. Se sentir medo e não quiser vivenciar esse sentimento – a ansiedade tensa, acelerada, estressante, torturante – não pule fora imediatamente, inspire-o. Ao invés de reagir contra o sentimento, acolha-o e se abra. Inale-o para dentro do coração. À medida que o recebe, durante cada inspiração, sinta o coração expandindo, crescendo todo o necessário para que você consiga relaxar completamente com aquelas sensações. Traga o sentimento para todo o corpo, se quiser, pensando no seu corpo como um espaço aberto, um espaço que acomoda quaisquer sentimentos, mesmo os mais intensos.

Como Trungpa Rinpoche disse certa vez: "É como se você fosse o firmamento, permitindo que todas as nuvens passem, sem rejeitar nada que aflore nesse espaço". Gosto desse tipo de imagem, porque mostra *tonglen* mais como uma arte do que uma ciência exata. É mais como poesia ou pintura. Você encontra seu caminho usando o coração.

Inicie inspirando algo que esteja sentindo, mas depois amplie o escopo e inclua todas as pessoas que sentem o mesmo. Você se propõe a cultivar a atitude corajosa de querer se encarregar daquilo por todo mundo.

Às vezes podemos hesitar nessa parte da prática, por medo do que estamos inspirando. Podemos nos flagrar numa respiração superficial, como se temêssemos contrair alguma coisa. Se fizermos *tonglen* por uma pessoa doente, podemos temer que isso nos faça pegar a doença. Contudo, a prática de *tonglen* não nos infecta com formas de sofrimento que já não estejam lá dentro. Ao contrário, ligando-nos à experiência universal de estarmos vivos, ela cura nossa dor. *Tonglen* vai muito além de condições específicas, ao ponto de podermos nos abrir ao próprio desconforto, assim como ao dos demais, e vice-versa. Isso porque na realidade não há diferença entre nossa dor e a do outro. Medo é medo. Tristeza é tristeza. Raiva é raiva. Ansiedade é ansiedade. Podemos chamá-las de "minha" ou "sua", mas na verdade são qualidades flutuantes que todos compartilhamos. Quando você inspira a "sua" ansiedade, está se abrindo para a ansiedade como um todo – o somatório de ansiedades deste mundo. Você pode inspirá-la, relaxar com ela, ficar amigo – e assim livrar-se dela. E, ao mesmo tempo, pode desejar que todos os outros seres se libertem de suas ansiedades.

Às vezes, quanto pior nos sentimos, mais profunda é nossa prática de *tonglen*. Quanto mais agudamente experimentarmos emoções dolorosas, mais claramente entendemos o que tantos outros estão passando. Essa compreensão aprofunda nossa compaixão, faz com que desejemos remover a dor alheia tanto quanto a nossa própria, dá sentido à vida. Quanto mais compaixão tivermos pelos outros, mais poderemos sentir e aproveitar nossa bondade inata. É por isso que as experiências adversas – se soubermos como encará-las sem rejeição – são os meios mais poderosos de promover nosso despertar. É por isso que gosto de dizer que um mau *karma* é nossa grande chance.

O aspecto "enviar" de *tonglen* vem de outro ângulo, mas também estimula esse sentimento de abertura e ligação à experiência alheia. Cada vez que expiramos, imaginamos enviar aos outros seres todas as coisas benéficas e prazerosas que normalmente desejamos para nós mesmos. Às vezes, podemos ser bem concretos. Se você estiver pensando, por exemplo, num morador de rua, poderá exalar alimento e abrigo. Ou enviar as qualidades universais que todos podem utilizar, como gentileza, bem-estar, relaxamento e ternura – é assim que costumo abordar a prática. No caso do morador de rua, posso lhe enviar o sentimento de ser amado, pois sei o quanto é importante para as pessoas se sentirem amadas, especialmente quando são marginalizadas pela sociedade.

O aspecto de "enviar" de *tonglen* enriquece nossas vidas de duas maneiras. Ajuda a aumentar nossa compaixão e interesse pelos demais e a abandonar a tendência de nos apegarmos ao que gostamos de modo irreal e doloroso. Quando o dia está lindo, ensolarado, os pássaros cantando e todo mundo sorrindo para nós, a tendência natural é nos agarrarmos a esses sentimentos agradáveis. Queremos que essa experiência ou situação dure o máximo possível e sentimos uma aversão natural por qualquer coisa que a ameace. Essa autoproteção indica que, por baixo da felicidade, existe um elemento sutil de medo.

Podemos fazer melhor uso da nossa boa sorte – e aproveitá-la com ainda mais entusiasmo – incorporando-a à prática de *tonglen*. Boa saúde, comida deliciosa, um clima ameno, um tempo carinhoso com a família, um senso de realização ou reconhecimento, um sentimento de paz interior – quando qualquer das experiências prazerosas que todo mundo deseja atravessar nosso caminho, podemos mentalmente compartilhá-las com os outros. Podemos desejar que eles aproveitem esses prazeres tanto quanto nós, ou até mais.

Os dois aspectos de enviar e receber se reforçam e sustentam mutuamente, portanto é mais eficaz praticá-los alternadamente, em cada respiração. Quando inspiramos e nos abrimos aos nossos sentimentos indesejados e aos de outros – quando acolhemos o indesejável – descobrimos uma maior amplidão em nossos corações e mentes. Sentimos alívio por não estar mais combatendo cada experiência desagradável que aparece. Quando expiramos, podemos enviar essa amplidão e alívio àqueles que também lutam contra seus sentimentos. Qualquer medida de liberdade e contentamento interior, obtidos pela prática da não rejeição, oferecemos a todas as pessoas e seres vivos tão necessitados dessas qualidades quanto nós mesmos. Todo nosso corpo pode irradiar a bondade inata, enviando-a a um número crescente de seres – através dos países, continentes e mundos – até permear o espaço inteiro.

Essas práticas de não rejeição são meios poderosos de nutrir nosso *bodhichitta* e de superar a polarização. Somente aprendendo a abraçar todos os aspectos de nós mesmos – até os elementos aparentemente mais negativos de nossos corações e mentes – é que aprenderemos a abraçar o próximo de maneira total. Somente descobrindo a bondade inata, tanto em nosso lótus quanto em nossa lama, é que passaremos a ver a bondade inata de todos os seres vivos.

Seis

Assim como é

A maravilhosa ironia dessa jornada espiritual é descobrirmos que ela nos leva a ser assim como somos. O estado elevado de iluminação nada mais é que conhecermos completamente o mundo e a nós mesmos, assim como somos.

Todos nós passamos por momentos de apreciar o que vemos, degustamos ou cheiramos bem como aquilo é. Relaxamos e, do nada, aceitamos nossa experiência sem querer que seja mais, menos ou diferente. Sentimos que tudo, pelo menos naquele instante, está completo.

Quando temos a mente aberta e vigorosa, vemos beleza em todo canto, inclusive em nós mesmos. Há um sentido de saborear a singularidade de cada instante. As coisas nunca foram exatamente do jeito que são agora. Nem voltarão a ser. Estamos sintonizados com a transitoriedade do mundo, com sua pungência e profunda riqueza.

A ideia de apreciar as coisas assim como são é simples e acessível, mas também muito profunda. É o segredo para sentir ternura e amor pelos outros e por nós mesmos. Essa capacidade de se abrir, de experimentar as coisas de um modo vigoroso, sempre está presente em nossa mente. Talvez não seja sentida todo o tempo, mas está aguardando lá no fundo. Como então desvelar essa capacidade, entrar em contato com ela, nutri-la? Como podemos aprender a passar cada vez mais tempo nesse estado de espírito? Como desenvolver confiança na completude do "assim como é"?

O primeiro passo é perceber a importância de como escolhemos orientar nossa mente. Podemos descobrir que habitualmente estamos focados na incompletude. Temos pensamentos como: "Não tenho nenhum valor, me falta isso ou aquilo, o mundo é só problemas". Com essa mentalidade, veremos imperfeição em tudo e sempre nos sentiremos insatisfeitos.

Uma abordagem simples para começar a curar essa orientação negativa é a prática de registrar tudo que apreciamos. Podemos observar até as coisas mais comuns, o modo como a luz bate no rosto de alguém ou reflete na lateral de um prédio. Pode ser o sabor de um almoço despretensioso, com suas variantes de doce, salgado, ácido ou amargo. Pode ser uma música, uma pintura ou o modo como alguém se move. Pode ser uma voz que você ouve. Talvez uma estranha abra a boca e o surpreenda com um belo sotaque. Apreciar as pessoas e as coisas dessa forma não exige muito esforço, mas aquece o coração e nos faz sentir ligados ao mundo. É muito mais prazeroso do que colecionar queixas da manhã à noite, o que é fácil de acontecer se simplesmente nos deixarmos levar pelo ímpeto dos nossos hábitos.

Podemos também apreciar tudo o que temos. No meu caso, agora que estou com mais de oitenta anos, eu poderia estar reclamando das dores físicas, das rugas, dos problemas dentais – todo esse tipo de coisa passa pela cabeça. E às vezes eu reclamo mesmo! Mas, se minha prática for a de apreciação, posso pensar no fato de ainda conseguir fazer longas caminhadas. Minha irmã mais velha, que adorava fazer isso, tem artrite nos pés e já não pode caminhar muito. Tendo um bom espírito, ela não reclama. Mas, cada vez que saio para uma caminhada, a artrite dela me faz perceber o quanto sou grata pelas minhas pernas, pés e quadris. Que maravilha funcionarem bem e me permitirem ficar revigorada com minhas caminhadas, em vez de acabar com tanta dor que não queira mais ir.

Podemos perder essas capacidades a qualquer momento. Mas ainda tenho minha visão e, mesmo não sendo mais o que era pois preciso de óculos de leitura, ainda posso enxergar todas as cores do arco-íris. Posso ver a mudança das estações, as folhas molhadas, o vento balançando as árvores. E minha audição ainda é muito boa. Um dos meus amigos perdeu a audição a ponto de aparelhos auditivos não ajudarem muito. Um dia ele pôs a mão sobre a minha e disse: "Eu daria tudo só para ficar sentado e ouvir os passarinhos". Pensei então: eu *consigo* ouvir os passarinhos. Devo enfocar nessa capacidade e apreciá-la enquanto a tenho.

Outra prática nessa área, que eu costumava fazer com frequência, é prestar atenção especial aos estranhos que encontramos no cotidiano. Uma das primeiras vezes em que fiz isso foi com uma caixa de banco. Enquanto ela fazia lá seus cálculos, concentrei-me para enxergá-la como um ser humano vivo. Miraculosamente, aquela caixa anônima, cuja aparente função era contar meu dinheiro, começou a virar uma mulher que tinha uma vida, um emprego, amigos, atividades, gostos e desgostos. Observei suas roupas, o cabelo, o modo como movia as mãos. Imaginei o que ela tinha feito antes de ir trabalhar naquele dia: como escolheu o traje, pôs a maquiagem e, logo antes de sair, decidiu usar os brincos que sua amiga havia lhe dado recentemente. Este exercício promoveu uma sensação de ternura espontânea por aquela mulher anônima, simplesmente porque ela era um ser humano com uma vida.

Quando nos esforçamos para notar as pessoas e usamos a imaginação dessa forma, começamos a sentir nossa semelhança com todo mundo. Todos se sentem o centro do próprio universo e, ao mesmo tempo, pessoas anônimas que os outros sequer enxergam. Todos nós temos vidas completas com nossas versões de alegria e sofrimento, esperança e medo. Se tirarmos um tempo para apreciar os outros dessa forma, os estranhos que encontramos tornam-se espelhos a nos mostrar nossa própria humanidade e vulnerabilidade. Depois podemos transformar a ternura natural que aflora em relação aos outros numa ternura natural para conosco.

Não sentimos essa ternura apenas pelas coisas fáceis de gostar em nós mesmos, mas também pelas que nos perturbam e desagradam. Nossos maus hábitos, medos, aquela ideia constante de que há algo de errado conosco – qualquer neurose temporária ou crônica que esteja nos assaltando – são apenas uma parte do que somos, pelo menos no momento. Devemos dar espaço a esses pensamentos e emoções desconfortáveis, sem rejeitá-los, mas também sem fazer o jogo deles. Com essa atitude de não julgamento, vamos desenvolvendo um apreço genuíno por nós mesmos, bem como somos. Isso nos ajudará a conhecer nossa bondade básica, que é completa, sem falta de nada, e nela confiar.

Falar em apreciar o mundo "assim como ele é" e a nós mesmos "assim como somos" é outra maneira de falar sobre o caminho da não rejeição. Conforme seguimos por esse caminho, podemos aplicar algumas práticas, tais como a de enviar e receber. Mas também podemos experimentar uma abordagem mais simples, como tentar relaxar com isso – nossos pensamentos, sentimentos, percepções – e deixar que tudo fique bem como é.

Em seus ensinamentos sobre o lótus e a lama, Anam Thubten diz: "Todos os defeitos que existem são parte de nós. Começam a curar por conta própria quando os aceitamos como são. Podem servir de fertilizante para nosso crescimento interior. O segredo é reconhecê-los sem negação ou manobras". De certa forma, essa prática de aceitar e deixar tudo ser é uma abordagem ainda mais radical que a de *tonglen*. Será realmente verdade que nossos hábitos neuróticos e padrões anômalos irão se curar sozinhos, bastando para isso que fiquemos ali presentes ao invés de favorecê-los ou fugir? Vale a pena ponderar profundamente a respeito e tentar fazer o que for melhor.

Anam Thubten enfatiza que esse reconhecimento corajoso dos nossos "defeitos" não significa favorecer sentimentos de vergonha ou culpa. Quer dizer, isto sim, "não esconder nada de nossa consciência". Em vez de reagir de uma forma ou outra, podemos simplesmente fazer a escolha de não ocultar nada da mente. Podemos considerar tudo que observamos como sementes de *karma* amadurecendo. Qualquer coisa que aflore em nosso coração e mente não passa de nossa experiência atual, nada mais, nada menos. Mesmo nossas boas e más qualidades são temporárias e insubstanciais, não provas cabais do que valemos ou deixamos de valer. Não são inerentes à nossa natureza fundamental de bondade básica; são apenas o que são. Se aprendemos a trabalhar desse modo com nossas experiências, em vez de sucumbir ao puxão dos nossos velhos hábitos, ficamos ali presentes com eles até que se acalmem por conta própria.

Quando você sentir que está se fechando, endurecendo, confinando esse mundo precioso ou seu velho e querido eu, use o antídoto do mantra "assim como é", que pode ser usado no ato, sempre que necessário. Dizer, simplesmente, "esta experiência está completa assim como é" ou "eu sou completo assim como sou" é uma maneira de se recompor quando sua experiência começar a se dividir – naquele "isto contra aquilo" ou "eu contra você". É uma maneira de se recompor, quando começar a endurecer num modo de percepção dualística, num enfoque que inevitavelmente traz contenda e insatisfação.

Trungpa Rinpoche referia-se à bondade inata como "esplendor irreversível". Isso significa que mais cedo ou mais tarde – não importa o quanto sejamos teimosos, preguiçosos ou dúbios – a confiança em nossa bondade inata e na do mundo irá despontar em nós. Desenvolveremos uma confiança total em nossa experiência "assim como é". Algo inevitável.

A maravilhosa ironia dessa jornada espiritual é descobrirmos que ela nos leva a ser assim como somos. O estado elevado de iluminação nada mais é que conhecermos completamente o mundo e a nós mesmos, assim como somos. Ou seja, o resultado final desse caminho é ser simplesmente humano de modo total. E o benefício máximo que podemos levar aos outros é ajudá-los a também perceber sua humanidade total, assim como são.

Sete

Como não desanimar

À medida que desenvolvemos nossa resiliência como indivíduos, mantendo a consciência e não desanimando, no longo prazo seremos capazes de continuar fortes em condições adversas. Todos têm essa capacidade.

Conheci um homem que há anos trabalha com gangues violentas em Los Angeles, principalmente nos bairros latinos. Ele está sempre atrás de recursos para seu trabalho e nas propostas que escreve precisa ser muito positivo: tudo está indo em frente, as mudanças estão acontecendo, está tudo ótimo. No entanto, mesmo tendo obtido sucesso ao ajudar muitas pessoas a conseguir emprego e direcionar suas vidas positivamente, quando escreve aquelas propostas ele se sente um hipócrita. Sente que as coisas podem parecer bem no papel, mas na realidade a situação como um todo não está melhorando. Ele fica sabendo de uma tragédia quase todos os dias. Um homem deu um jeito na vida, tem um bom emprego e uma família. Então, num dia qualquer, ele está lavando o carro e leva um tiro fatal. E todo aquele trabalho bem feito se vai.

Todos aqueles envolvidos com o mundo sentem algum desânimo, de tempos em tempos. Se você se interessa por meio-ambiente, justiça social e igualdade, por reforma prisional, bem-estar de imigrantes ou pelo bem-estar das pessoas e do planeta em geral, é muito fácil desanimar.

Contudo, mesmo havendo muitas situações que parecem não ter conserto, é importante não desanimar. A questão então é: como? Como evitar que sejamos sugados para um estado de espírito de crescente desesperança e negatividade? Ou, se já estamos rolando ladeira abaixo, como nos reerguemos?

Uma coisa encorajadora que ouço muito de pessoas que trabalham nos mais diversos campos, é que elas veem muita bondade inata nas pessoas. Meu amigo Jarvis Masters está no corredor da morte, na Califórnia, desde 1985. A maioria de seus amigos e vizinhos já cometeu assassinato. Contudo, ele me disse uma vez: "Nunca encontrei ninguém em quem não tenha visto uma bondade básica. Quando você realmente conversa com esses caras, há tanto arrependimento, decepção e histórias familiares tristes. A gente começa a ver a ternura deles, a bondade inata".

O motivo para muitas vezes começarmos a descer ladeira abaixo com desânimo é permitirmos que nossas emoções nos fisguem. Nossa raiva contra o governo, as corporações ou o patrão – quem quer que pareça estar obstruindo a justiça – pode ser justificável mas, sejam quais forem as circunstâncias, uma vez que as emoções se apossam de nós, perdemos a eficiência. Perdemos a capacidade de nos comunicarmos de um modo que realmente possibilite a mudança. Perdemos a capacidade de fazer aquilo que geralmente está ao nosso alcance – estimular a nós mesmos e as pessoas que encontramos.

Quando caímos nessa armadilha e ficamos muito bravos, ressentidos, amedrontados ou egoístas, começamos a ficar um pouco inconscientes. Perdemos nosso *payu*, a consciência do que estamos fazendo com nosso corpo, fala e mente. Nesse estado fica bem fácil cair numa espiral descendente. O primeiro passo para se recuperar é perceber e reconhecer que você está ficando inconsciente. Sem fazer isso, nada irá melhorar. Como você poderá mudar alguma coisa, se não estiver ciente do que está acontecendo?

Pode parecer complicado ficar ciente do fato de estar inconsciente. Mas, se você prestar atenção ao momento em que estiver sendo dominado pelas emoções, será capaz de ler os sinais. Ao ser tomado pelas emoções, você perde a noção de que todo mundo tem a mesma vulnerabilidade, de que todo mundo tem o mesmo desejo de ser feliz e de evitar a dor. Você se sente apartado da condição humana, num estado em que as coisas não o tocam.

Imagine-se num lugar lindo, cheio de conforto, luxo, boa comida e companhias agradáveis. Parece ser a situação que a maioria das pessoas gostaria de experimentar todo o tempo, mas nessa atmosfera fica difícil relacionar-se com qualquer tipo de sofrimento do mundo. Você pode ouvir a notícia de que pessoas acabam de morrer numa explosão no Oriente Médio, mas isso não o penetra de fato.

Depois vem a situação de ficar à parte devido ao desânimo. Nesse caso, você perde a capacidade de discernir a bondade inata nas pessoas. Perde a capacidade de discernir o que pode ou não ser consertado. Perde a confiança em geral. E daí em diante fica fácil ir descendo num ciclo de desânimo, com uma visão desvalida de si mesmo e da humanidade que fica fadada a se cumprir.

O fato de nos permitirmos ou não essa inconsciência tem enormes implicações, não apenas para nós, mas para toda a sociedade. Trungpa Rinpoche dizia que, quando os desafios aumentam, se um número suficiente de pessoas tiver confiança na bondade inata e na capacidade de se recuperar e se disponibilizar para o próximo, ao invés de descer ladeira abaixo, a sociedade se fortalecerá.

Depois que os aviões atacaram o World Trade Center, muitos nova-iorquinos trabalharam em conjunto. A noção de realidade foi tão desintegrada que nada fazia sentido, além de ajudarem uns aos outros. Foi assim por algum tempo, até que o trauma do ocorrido entrou em ação e as pessoas começaram a se fechar no medo. Começaram a perder a consciência. Alguns meses após o evento, uma charge da revista *New Yorker* mostrava uma mulher dizendo para outra: "É difícil, mas aos poucos estou voltando a odiar todo mundo". Observamos este padrão em muitas situações difíceis. Se alguém fica muito doente, por exemplo, todo mundo se reúne para ajudar, mas, se a doença se estender por um ou dois anos, as pessoas começam a se afastar, pois não estão dispostas a tanto.

À medida que desenvolvemos nossa resiliência como indivíduos, mantendo a consciência e não desanimando, no longo prazo seremos capazes de continuar fortes em condições adversas. Todos têm essa capacidade. Sei que isso é verdade por experiência própria. Eu costumava me abandonar numa espiral descendente mas, praticando meditação e com muitos anos de ensinamentos, quando as coisas começam a ficar ruins, eu recupero a energia. Ao ficar ciente de que estou me fechando, na verdade fico até meio entusiasmada. Eis uma chance de reverter aquele velho padrão e me endireitar! Levei uns oitenta anos para chegar a este ponto, mas sei que, se consegui, todos conseguem. Todos começam com diferentes graus de inconsciência, mas onde quer que se esteja a prática sempre possibilita o aperfeiçoamento.

Quando começamos a desanimar devido a nossas lutas pessoais, um dos melhores antídotos é pôr as coisas num contexto maior. Às vezes, isso acontece naturalmente. Por exemplo, eu estava trabalhando com um aluno que é uma pessoa maravilhosa, mas totalmente paralisado em algumas áreas de sua vida. Ele tinha o hábito de se voltar para dentro, o que resultava numa sensação de ser vítima. Ele estava sempre dizendo, "Por que eu?" Tentei aconselhá-lo; ele fez terapia durante anos e fez muitas coisas corajosas para trabalhar essas questões; mas nada funcionou. Apesar de sua força e bondade inata óbvia, nada o fazia superar as dificuldades.

Então ele descobriu que estava com um câncer incurável. De uma hora para outra, seu padrão habitual foi remediado. Pouco tempo depois, eu estava num carro com ele e alguém estava cruzando lentamente a faixa de pedestre depois que o sinal havia fechado. Ele começou a se zangar, um hábito seu nessas circunstâncias, mas de repente parou e disse: "Não tenho tempo de me irritar com alguém por cruzar a rua devagar".

Ele também tinha alguns relacionamentos muito emperrados, especialmente com a mãe. Eles não conseguiam parar de dançar o mesmo compasso. Um dia, após o diagnóstico de câncer, ele estava ao telefone com ela e, quando ouviu algo que normalmente desencadearia sua irritabilidade, disse: "Mãe, eu vou morrer em breve e não tenho mais tempo para esse tipo de coisa com você". Tudo mudou de uma hora para outra. Seus anos de meditação e terapia ajudaram a armar o cenário, mas foi somente ao pôr as coisas num contexto maior que ele conseguiu se livrar de seus hábitos.

Descobrir que não nos resta muito tempo ajuda a ampliar nossa perspectiva, mas não é todo mundo que repentinamente recebe um diagnóstico de câncer terminal. Não devemos depender de um acontecimento dramático ou potencialmente letal para despertar. Penso de novo no meu amigo Jarvis, que vê as coisas sob uma perspectiva maior, porque já passou muito tempo desenvolvendo a compaixão. Certa vez ele estava no pátio do presídio e um guarda começou a provocá-lo, tentando incitá-lo a reagir, mas Jarvis não mordeu a isca. Aí seus amigos questionaram:

"Como é que você conseguiu aguentar aquilo? Como consegue ficar com toda essa calma? É o seu budismo que faz isso?" E ele respondeu: "Não, não é o meu budismo. Recebi cartas de filhos dos guardas, contando que, quando seus pais têm um dia difícil, eles chegam em casa e descontam na família. Eu não queria que esse cara fosse para casa e batesse nos filhos". Portanto, a compaixão também pode ampliar nossa visão. Você pensa sobre as consequências mais extensas de ser dominado pelas emoções e não se permite tomar atitudes que levem dor aos demais.

Como alguém uma vez me mostrou, quando você fica consciente a primeira coisa que descobre é a razão para ter ficado inconsciente aqueles anos todos. Estar consciente significa ter de sentir o que sente, o que quase sempre é muito vulnerável e cru. Meu amigo com câncer estava querendo ir para esse lugar vulnerável, porque não queria mais perder tempo com mesquinharias, quando tudo parecia trivial diante do que estava por vir. Jarvis se permitiu ficar vulnerável diante de alguém que tinha poder sobre ele, porque sabia quais poderiam ser as consequências para a família do guarda. Ao colocar as coisas num contexto maior, eles conseguiram penetrar em toda uma esfera de prática – aprendendo a ficar com a crueza da vulnerabilidade de ser humano.

Ampliar a perspectiva e ficar mais consciente individualmente também tem um efeito positivo na sociedade. Se um número suficiente de pessoas consegue realmente sentir o que sente, consegue ficar de pé com sua vulnerabilidade em vez de rolar ladeira abaixo, isso irá naturalmente levar mais pessoas a apoiarem o próximo.

Quando ouço o noticiário ou as pessoas que trabalham em campos onde as coisas podem ficar desanimadoras, tenho um tipo de sentimento que sinaliza a possibilidade de eu estar descendo a ladeira. Todo mundo tem algo em particular que os puxa para baixo. Para alguns, é ver a quantidade de agressividade e violência que há no mundo. Para outros, é a ganância desenfreada, a injustiça ou a insensibilidade para com a dor alheia. O que realmente me atinge, como já mencionei, é ver a polarização tão predominante neste momento: polarização baseada em religião, raça, preferência sexual, classe social – todas as formas que tornam nossos corações e mentes obstinados em relação às nossas posições, tudo que nos encerra no conceito de "nós" e "eles". Sendo a polarização a coisa potencialmente mais desanimadora para mim, vou usar de exemplo o modo como ando trabalhando com isso.

O primeiro passo é procurar a polarização em mim mesma. Isso envolve o despertar de coragem suficiente para sentir a vulnerabilidade de encarar minha própria neurose – ficar de cabeça erguida com ela, em vez de desmoronar e me esconder. Quando procuro honestamente pela polarização em mim mesma, encontro muita obstinação e a visão de que o problema está no outro. Descubro essa visão dos outros seres humanos como adversários, com nada além de defeitos – em contraste com meus próprios defeitos. As pessoas nunca perdem tempo para me lembrar de que tenho esses hábitos, mas não consigo encará-los de fato sem dar uma olhada mais atenta.

Uma vez enfocando meus próprios hábitos, aspiro fazer todo o possível para não acrescentar mais polarização ao mundo. Esse é um modo de colocar minhas ações num contexto mais amplo. Não estou mais fazendo meu joguinho, reagindo do modo automático habitual a qualquer coisa que me aborreça. Uma vez tendo essa aspiração, fica mais fácil aplicar um antídoto a qualquer sentimento desconfortável que esteja me puxando na direção de polarizar. Posso, por exemplo, praticar *tonglen* ou simplesmente deixar aquele sentimento lá, assim como é.

Até agora, não posso afirmar que esta seja uma história de grande sucesso. É um trabalho em andamento, mas agora quase sempre consigo ter uma visão mais ampla da minha própria polarização. Não se trata de ser uma boa menina, de ficar sentadinha corretamente e parar de falar mal dos outros. Não se trata de "pessoas boas não fazem isso – especialmente monjas". A questão não é humilhar a mim mesma, me repreender ou me colocar na categoria das "pessoas más". Mas, se eu pensar nas repercussões sociais mais amplas, fica fácil parar de fazer isso. Como muitas gotinhas que enchem um balde de água, é preciso muitas pessoas como eu guardando rancor das outras para criar uma sociedade polarizada. Eu realmente não quero ser uma dessas gotas.

Eis outro exemplo. Uma conhecida minha estava realmente arrasada, ao pensar sobre a quantidade de pessoas no mundo que sentem que há algo de errado com elas. Quando se tem milhões ou bilhões de pessoas denegrindo a si mesmas, tem-se o mesmo número de pessoas inconscientes porque não querem sentir seus sentimentos. É fácil ver que o resultado disso não é nada bonito. É fácil ver como isso pode ser um fator importante para a existência de tanto conflito no mundo. Essa mulher começou a observar sua forte tendência a se criticar nesse contexto maior. Ela não queria acrescentar mais gotas no balde da autodepreciação. Quando começava a se sentir mal consigo mesma ou se sentir como um objeto estragado, ela dizia: "Não vou fazer isso porque não quero acrescentar mais autocrítica ao planeta".

A ideia geral aqui é de que a maneira de não desanimar é perceber como tudo que fazemos importa. Pode ser de duas formas. Se formos em direção à autodefesa, ao fechamento e inconsciência, acrescentamos aqueles elementos a um planeta que já sofre bastante com essas tendências. Por outro lado, se nos permitimos sentir nossa vulnerabilidade, se mantivermos a cabeça erguida quando a vontade é desmoronar e controlarmos nossa explosão ao sermos provocados, estamos tendo um efeito positivo no mundo mais amplo. Manter a confiança e o bem-estar beneficia nossa família, nosso local de trabalho e todos com quem nos comunicamos. A felicidade é contagiosa.

Quando um maior número de pessoas aprende a confiar em nossa bondade inata, a sociedade se fortalece. Isso não significa que não haverá tempos difíceis. Não significa que violência, injustiça e pobreza irão acabar. Não significa que as calotas polares deixarão de derreter e que a água dos oceanos não irá subir. Mas significa, sim, que haverá muitas pessoas resilientes, que nunca desistirão da humanidade e estarão sempre prontas para ajudar o próximo. Significa que, quando as coisas ficam difíceis, o melhor das pessoas vai surgir e não o pior. Se aprendermos a não desanimar, sempre acharemos meios de fazer importantes contribuições ao mundo.

Oito

Além da zona de conforto

Quanto mais disposto você estiver a sair de sua zona de conforto, mais confortável se sentirá com sua vida. Ficará mais fácil relaxar em situações que costumavam trazer medo e desgosto. Por outro lado, se ficar na zona de conforto todo o tempo, ela encolhe.

Alguns anos atrás, escrevi uma carta aos meus alunos, perguntando-lhes onde eles buscavam refúgio: "Quando as coisas ficam realmente complicadas – como quando você sente medo, está só, com raiva, tudo está desmoronando, em tempos difíceis – em quê você se refugia?" Geralmente, não recebo respostas para essas cartas, mas nesse caso muitas pessoas escreveram. Elas acharam a questão muito útil, porque tiveram que admitir – o que não me surpreendeu nem um pouco – que em tempos difíceis buscavam refúgio na Netflix, em excesso de comida ou em outros tipos de entretenimento e distração.

Os budistas praticantes tradicionalmente falam em se refugiar nas Três Joias: o Buda, nosso exemplo, modelo e inspiração; o *Dharma*, os ensinamentos do Buda e de outros seres despertos como ele; a *Sangha*, a comunidade de pessoas que também estão no caminho do despertar. Mas quando perguntei aos meus alunos o que realmente faziam para se refugiar, muitos foram honestos o bastante para admitir que a primeira escolha não era a procura pelas Três Joias. Em vez disso, eles iam atrás do que era habitual e fácil.

Trungpa Rinpoche descrevia a maioria dos tipos de refúgio como "neurose do conforto". Quando os bebês precisam de conforto, eles podem chupar o dedo. Quando as coisas ficam difíceis para os adultos, geralmente fazemos nossa versão de chupar o dedo. Então, a pergunta a se fazer é: "Qual é o meu dedo?"

Encontrei por acaso um livro chamado *True Refuge* [*Refúgio Verdadeiro*] de Tarchin Hearn, um professor da Nova Zelândia. Ali ele conta como as pessoas em seu centro de *dharma* entoam um cântico todas as manhãs e assim se refugiam no Buda, no *Dharma* e na *Sangha*. Mas em seguida ele lhes pede para pensarem bem no que realmente se refugiam, quando as coisas estão difíceis. Digamos que seja em programas de TV por *streaming*. Ele aconselha a chamar o refúgio pelo que realmente é. Quando você estiver para apertar o botão *play*, junte as palmas das mãos e diga: "Eu me refugio na Netflix". Ou se o seu lance for comida, quando estiver para abrir a geladeira, junte as palmas das mãos e diga: "Eu me refugio na geladeira" ou "Eu me refugio nesse sanduíche que vou comer às duas da madrugada".

Para aprofundar este tópico, achei útil usar um modelo que descreve o processo de crescimento inventado pelo psicólogo soviético Lev Vygotsky, na década de 1930, e desenvolvido mais recentemente pelo Passage Works, um grupo educacional de Boulder, Colorado, onde ouvi a expressão "acolher o indesejável" pela primeira vez. Este modelo pode ser ilustrado por um diagrama que mostra três círculos concêntricos. O círculo interno é a "zona de conforto". Em torno dele fica a zona de "aprendizado" ou "desafio". O círculo externo chama-se "zona de risco excessivo".

Além da zona de conforto

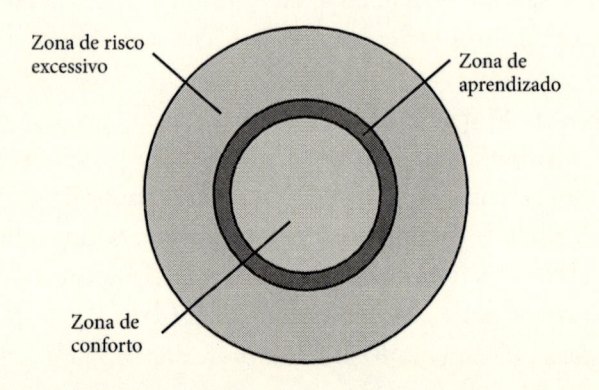

- Zona de risco excessivo
- Zona de aprendizado
- Zona de conforto

A zona de conforto é a que mais nos atrai. É onde preferimos ficar. Não estou dizendo que há algo de inerentemente errado com filmes por *streaming*. Eu mesma adoro filmes. E todo mundo precisa de conforto. Mas, se você passa o resto da vida apenas tentando ficar confortável, assistindo à Netflix todas as noites com seu sanduíche, aí pode ser problemático. Sem dúvida, existem maneiras muito mais prejudiciais de conseguir conforto, mas devemos nos perguntar: se ficarmos sempre nessa zona de conforto, como iremos crescer?

A zona de aprendizado é onde expandimos para além do nosso conforto. Digamos que você tenha um problema de avareza. É algo profundo. Dar alguma coisa é como perder o chão; ameaça todo seu ser. Você pode dar um passo para sua zona de aprendizado, decidindo dar alguma coisa bem pequena. Por exemplo, sempre tenho dificuldade de encontrar uma caneta que me agrade. Quando finalmente encontro uma, a ideia de dá-la para alguém pode até me deixar meio enjoada. Isso pode desencadear questões profundas de apego e segurança. Mas, se eu a der, estou entrando na minha zona de aprendizado. Sinto o desconforto e vejo que sobrevivi. No dia seguinte posso dar outra coisa pequena – um selo para cartas, um sorriso quando não estou com vontade de sorrir, qualquer coisa que force um pouco a barra. A zona de aprendizado é provocativa, mas é onde acontece grande parte do nosso crescimento.

O círculo externo desse modelo chama-se zona de "risco excessivo". Essa área costuma ser desafiadora demais para nutrir o crescimento. É como estar na parte mais funda da piscina, quando você nem sequer sabe nadar. Você simplesmente não está pronto para ir lá. Caso se forçar a ir para essa zona externa, ficará muito traumatizado para aprender qualquer coisa. Algumas pessoas, que forçam muito a barra em sua prática do *dharma*, saem correndo aos gritos e nunca voltam a meditar. Esse tipo de reação adversa pode ocorrer, se você tentar saltar da zona de conforto para a zona externa. Mas, se ficar o máximo de tempo possível na zona de aprendizado, vai acabar preparado para desafios maiores.

As três zonas são muito pessoais para cada um. O que para uma pessoa é a zona de risco excessivo, para outra pode ser a de aprendizado. Sempre penso, por exemplo, nos Freedom Riders [Viajantes da liberdade], que viajavam de ônibus no início da década de 1960 para desafiar as leis de segregação do sul dos Estados Unidos. Eles passavam por situações em que muitas pessoas podiam insultá-los – ou até matá-los –, experiências que seriam avassaladoras para muitos. Mas nem todos sentiam medo. Anos atrás conheci um desses viajantes e tive a impressão de que para ele viajar naqueles ônibus era de fato sua zona de conforto. Ele se fortalecia naquela situação e, mesmo arriscando a vida, sentia-se confortável. Talvez para ele fosse mais desafiador ficar num escritório atendendo chamadas telefônicas.

O interessante é que, quanto mais disposto você estiver a sair de sua zona de conforto, mais confortável se sentirá com sua vida. Ficará mais fácil relaxar em situações que costumavam trazer medo e desgosto. Por outro lado, se ficar na zona de conforto todo o tempo, ela encolhe. Pode ser assim numa comunidade cercada. Os muros e o portão dão a sensação de proteção, mas o que acontece quando a máquina de lavar estraga e alguém tem que vir consertá-la? Quanto mais você tenta isolar o perigo, mais medo passa a sentir de todo mundo. E, quanto mais velhos ficamos, mais ameaçados nos sentimos. Coisas que não o incomodavam, quando você tinha trinta ou quarenta anos, podem deixá-lo muito desconfortável aos setenta ou oitenta.

No contexto do refúgio, acho muito útil ter em mente essas três zonas e observar nossa orientação. Às vezes só nos resta dizer: "Agora preciso ficar na minha zona de conforto porque estou muito estressado e isso vai me ajudar". Se esse for o caso, respeite. Outras vezes, porém, podemos descobrir que estamos nos enganando. Não é cabível dizer honestamente que estamos nos refugiando nas Três Joias, que estamos seguindo nossa intenção de usar a vida para o crescimento. Mas, se entendermos como acontece o crescimento e estivermos inspirados a seguir o caminho do despertar, criamos apetite pelas coisas que nos desafiam. Somos cada vez mais atraídos pelos lugares onde o aprendizado e o aprofundamento podem acontecer.

No século XIV, o sábio tibetano Thogme Zangpo escreveu *The Thirty-Seven Practices of a Bodhisattva* [*As trinta e sete práticas do bodhisattva*], que ainda é um dos poemas mais citados e amados da literatura budista. Cada uma de suas estrofes orienta sobre como ser um *bodhisattva*, uma pessoa cuja maior aspiração na vida é despertar para o benefício de todos os seres vivos. Num dos versos ele descreve, de maneira pungente, por que um estilo de vida orientado para o conforto é insatisfatório. A felicidade "desaparece num instante", diz ele, "como uma gota de orvalho numa folha da relva". Basear seu conforto em coisas que não duram é uma estratégia fútil de vida. Mesmo quando se consegue algo que sempre se quis, o prazer dura muito pouco tempo.

O exemplo mais eloquente é apaixonar-se. Aquela parte luminosa inicial – a fase da lua de mel – pode durar uns dois anos. Então, temos duas pessoas morando juntas, que é quando realmente se começa a residir na zona de aprendizado. É por isso que os relacionamentos podem ser tão poderosos para nosso crescimento espiritual. Se for para o relacionamento continuar, a expansão será inevitável. É aí que você começa a se aprofundar.

A ideia da felicidade sumindo como uma gota de orvalho pode parecer deprimente, mas a intenção de Thogme Zangpo aqui é nos apontar a liberdade. Ficar agarrados a coisas que estão em mudança constante é uma tática da zona de conforto. É o que nos mantém no *samsara*, uma palavra sânscrita que se refere ao ciclo vicioso em que estamos presos por que continuamente resistimos à realidade. A única maneira de nos libertarmos do *samsara* é despertarmos para o final aberto que as coisas têm. Isso exige que nos aventuremos até a zona de aprendizado, onde iremos encontrar o desarraigamento fundamental. Trungpa Rinpoche equipara esse estado ao amplo espaço aberto da nossa bondade inata. É o ar fresco da nossa mais profunda sanidade. Mas, como esse espaço não nos oferece muito ao que nos agarrarmos, geralmente o achamos intimidador. É quando, na descrição poética de Trungpa Rinpoche, tendemos a "nos esconder em cavernas e selvas", um modo de dizer que ficamos envolvidos com nós mesmos. "Acendemos uma fogueira de ódio", "agitamos o rio da luxúria" e "chafurdamos na lama da preguiça". Agressividade, paixão e ignorância – conhecidas como os três venenos – são o resultado de não conectarmos com nossa bondade inata por temermos o estado de desarraigamento, de falta de chão.

Tonglen é uma das práticas mais eficazes para mudar nossas atitudes em relação ao conforto. Em vez de seguir nosso hábito de evitar o desconforto, inspiramos o que tendemos a considerar desagradável ou ameaçador. No entanto, não fazemos isso ao ponto de entrar na zona de risco excessivo. Em vez de mergulhar em nossos piores pesadelos, podemos trabalhar com o que nos desagrada com uma intensidade menor. Podemos usar algo pequeno, como a decepção – algo desagradável, que normalmente provocaria uma reação, mas não avassalador. Você estava planejando fazer uma refeição especial, mas nota que está faltando um dos ingredientes principais e é tarde demais para consegui-lo. Planejou um piquenique, mas aí começa a chover. Ou você iria assistir a seu programa por *streaming* favorito, mas sua conexão de internet está ruim. Escolhendo simplesmente praticar *tonglen* nessas situações, ao invés de desanimar ou se irritar, você está saindo da zona de conforto. Está começando a fazer amizade com sua dor e a desenvolver empatia com a condição humana. Mesmo que esteja trabalhando com um sofrimento relativamente menor, você está reunindo a força e a capacidade de lidar com algo maior. Se continuar fazendo isso, verá que essa força lhe estará disponível no caso de grande adversidade.

Depois é importante equilibrar a inalação com a exalação. Certa vez testaram a compaixão do conhecido monge e autor budista Matthieu Ricard, colocando-o numa dessas máquinas que registram toda a atividade cerebral. Ele começou com uma visualização de si mesmo enviando raios de luz curativa àqueles que estivessem sofrendo, mas os cientistas lhe pediram que, em vez disso, ele se concentrasse em inspirar o sofrimento. Esse período deixou-o saturado. Ele acabara de visitar um orfanato na Romênia, onde era muito triste ver o modo como tratavam as crianças. Além disso, estivera recentemente no Tibete após um terremoto. Portanto, havia muito material, que ele não parou de inalar.

Com essa experiência ele aprendeu que a pessoa tem uma medida a inalar. Descobriu que receber o sofrimento precisa ser equilibrado com amor e gentileza, com a completude da vida. Acho que este exemplo ilustra como ele abordou a zona de risco excessivo e percebeu que, se você inspirar a dor, deve também expirar amor. Existe a noção de que devemos nos conectar tanto com a beleza quando com a tragédia – com o prazer e júbilo da vida e com sua parte degradada e cruel.

Durante esse brevíssimo tempo que temos na Terra, devemos nos perguntar como iremos passá-lo. Continuaremos a aumentar e fortalecer nossos hábitos neuróticos em nossa busca inútil por algum tipo de conforto e prazer duradouros? Ou vamos transformá-lo numa prática para entrar na zona de aprendizado? A velocidade com que o tempo passa, especialmente na minha idade, é quase apavorante. Mesmo que eu me mova devagar e goste de muito espaço, há essa sensação de que estou correndo para recuperar o terreno perdido. Ao final de cada dia, o que fiz? Passei o dia fortalecendo minha orientação para o conforto? Entreguei-me à "nostalgia do *samsara*", como Trungpa Rinpoche gostava de dizer, com saudade da época em que achava que bastava uma boa xícara de chá para ser feliz? Ou dei um passo para o desarraigamento e verdadeiramente me refugiei nas Três Joias? Desfiz-me do peso e me soltei ou fiquei entrincheirado na minha armadura, tentando manter o *status quo*?

O *status quo* não é muito útil para o crescimento espiritual, para usar esse breve intervalo entre nascimento e morte. Por outro lado, expandir a capacidade de nos sentirmos confortáveis na própria pele e no mundo, de modo a nos disponibilizarmos para o próximo, é uma maneira muito digna de passar a vida humana.

Nove

Falar a partir da nossa humanidade compartilhada

A fala do bodhisattva comunica respeito por si mesmo e pelos outros, ao invés de desrespeito, agressividade e polarização. É a fala que vem do coração e comunica ao coração.

Tenho um grande amigo que está na prisão há cerca de quarenta anos, desde a adolescência. Durante esse tempo, ele desenvolveu muita sabedoria e intuição sobre como ajudar jovens em situação de risco. Recentemente ele me falava de como alguém que vive no meio das gangues poderia ficar a salvo. Por exemplo, um rapaz não quer ir à casa de um amigo porque sabe que pode ser atraído para uma situação violenta. O que ele deveria fazer? Ponderei: será que deixando de ir, ele não provocaria a raiva dos amigos? Será que isso não faria que os amigos o julgassem, o que resultaria em maior polarização?

Meu amigo disse ao rapaz: "Tudo depende de como você fala com eles. Se disser 'De jeito nenhum! Vocês não passam de encrenca!', então, sim, isso seria um problema. Mas se disser 'Não vou porque minha mãe está bêbada e preciso tomar conta dela', todo mundo entenderia. Ou se disser 'Preciso estudar para uma prova e meu professor disse que, se eu passar, vou resolver minha vida', todo mundo vai apoiá-lo".

Lá no fundo, todos apoiam as pessoas que sucedem na vida. Todos nós temos uma bondade inata, que naturalmente reage à bondade inata do outro. Mas, para que essa inclinação natural apareça, é necessária a presença das condições certas. O modo como nos comunicamos é crucial. Quando ficamos à parte e falamos a partir da nossa neurose para a neurose alheia, criamos mais divisão. Mas quando partimos de um ponto de humanidade compartilhada, nossa fala pode ter um efeito curativo.

Para mim, este é o significado da fala do *bodhisattva*, que comunica respeito por si mesmo e pelos outros, ao invés de desrespeito, agressividade e polarização. É a fala que vem do coração e comunica ao coração.

Trungpa Rinpoche falava sobre criar situações que incentivam as pessoas a se conectar com sua bondade inata. Podemos aprender a falar de um jeito que nos aproxime, assim como aos outros, da sanidade de nossa natureza básica. Essa é uma das habilidades mais importantes que um *bodhisattva* deve desenvolver.

Muitos anos atrás, eu dividia a casa com uma boa amiga. Nós nos dávamos bem, mas algo desconfortável começou a acontecer em nossa relação. Todos os dias falávamos dos outros. E só nos interessávamos em falar de pessoas que podíamos criticar. Dizíamos coisas repugnantes ("Ele faz tal e tal coisa" e "Você viu o que ela fez?"), enquanto fingíamos estar tentando ser compreensivas e ajudar. Era venenoso. Às vezes, eu acordava de manhã e tomava a decisão: "Hoje, vou só ouvir, sem me envolver com a crítica". Mas era impossível. Não é uma delícia quando alguém vê as coisas como você e critica exatamente a pessoa que você quer criticar? Isso perdurou por muito tempo. Até que um dia, sem planejar, me peguei dizendo a ela: "Vamos parar com isso". E com certeza ela também andava tentando se desvencilhar da nossa dança nada salutar. Assim, conseguimos largar aquilo bem ali.

Em certo sentido, tive sorte que minha amiga não se ofendeu quando verbalizei o que sentia. Até falar, eu não sabia que estávamos na mesma sintonia. Mas acho que funcionou, porque não parti do ponto de saber mais, de estar acima dela, o que ela entendeu.

Falar com o coração nos aproxima. Parte do ponto de vista de que nosso estado verdadeiro está interligado. Nossa fala desvela essa interligação em vez de reforçar o desentendimento de que somos separados. Por outro lado, se olhamos com desprezo para alguém, vendo-o como inerentemente problemático ou ameaçador, nossa fala irá refletir essa polarização mental.

Às vezes, temos as melhores intenções de realizar mudanças positivas, mas estamos muito presos ao nosso ego para que isso aconteça. Estamos muito tomados pelas emoções para ter um bom julgamento. Nesses casos, é provável que nossa fala e nossos atos mais dividam que unam. O exemplo clássico e ridículo é o dos manifestantes antiguerra que acabam usando seus cartazes de paz para bater nas pessoas que discordam deles. Nossa inteligência natural sabe o que vai melhorar ou piorar as coisas – o que vai resfriar uma situação e o que vai inflamá-la. Mas quando partimos de um ponto de raiva, irritação ou sensação de ameaça, nossa inteligência fica turva. Quando estamos tomados pelas emoções, perdemos a perspectiva. Nossa atitude torna-se: "Sou tão estável, tão sadio, tão razoável. Ao contrário *dessas* pessoas". Não é de surpreender que esse seja o momento em que temos mais vontade de falar.

Todos nós temos algumas coisas peculiares que nos irritam. Por exemplo, talvez você não suporte ouvir os ruídos de degustação e mastigação, quando as pessoas comem. Talvez sinta que a única maneira de expressar sua autenticidade é dizendo: "Esse ruído é nojento!" Isso não é falar com o coração. Quando é a suscetibilidade emocional que nos move a falar, não há humanidade compartilhada.

Isso não quer dizer que não devemos abordar circunstâncias externas. Os pais, por exemplo, devem orientar o comportamento dos seus filhos. E há um excesso de injustiças no mundo. Mas, se quisermos falar de um modo que realmente ajude, antes temos que trabalhar nossas propensões quando estiverem acionadas. Então, se quisermos ser ativistas, seremos mais eficientes porque entraremos nas situações com a cabeça desimpedida, sem a cegueira promovida pela raiva ou outras emoções. Se você não tem fortes sentimentos em relação aos ruídos de degustação e mastigação, mas acha que para o bem de todos seria melhor que a pessoa parasse de fazer isso, pode falar, e é mais provável que suas palavras sejam bem recebidas.

O *dharma* sempre nos traz de volta para nós mesmos. Antes de conseguirmos curar o próximo com nossa fala, precisamos assimilar nossa própria mente e suas propensões. É por isso que os *bodhisattvas* tanto desejam a iluminação – para despertar totalmente e serem mais capazes de beneficiar o próximo. Todos nós queremos que nossa comunicação seja útil, mas, ao nos sentarmos e olharmos para dentro, podemos notar que somos a imagem espelhada das pessoas que queremos ajudar. Começamos a dizer: "Minha nossa! Como somos parecidos! Talvez essas pessoas não sejam tão mais neuróticas do que eu!".

Eis aqui um exemplo de autorreflexão sábia e honesta. Uma moça judia, conhecida minha, passou um verão em Israel. Lá, ela se deparou com um ambiente cheio de conflitos, especialmente sobre pontos de vista políticos, e encontrou muitas pessoas completamente convencidas de que os seus eram os certos. Ela queria exercer uma influência positiva, mas temia que sua fala fosse mais prejudicar do que ajudar. Ironicamente, seu trabalho era justamente habilitar as pessoas a encontrar a própria voz, mas naquela situação era incapaz de encontrar a sua. Então ela fez uma análise mental e descobriu onde havia emperrado: era no excesso de crítica em relação aos outros. Conseguia ver facilmente a rigidez no coração alheio, mas agora dava-se conta de que, até amolecer o próprio, sua fala seria ineficaz.

Aceitar o que encontramos em nós mesmos pode ser doloroso. Mas, se conseguirmos aprender a sentar com a dor nua e crua dessa autodescoberta – sentar e suportar esse sentimento desconfortável – isso por si só amolecerá nosso coração, nos deixará mais humildes. Como todos nós somos muito vulneráveis, quando não temos tato ao falar com os outros – devido à nossa reatividade – fica bem fácil abrir feridas. Mas quando falamos com o nosso bom coração vulnerável, o que sai da boca tende a ser mais curativo que desagregador. Ao invés de fazer os outros se sentirem mal consigo, nossa fala pode ajudá-los a se conectarem com o que há de melhor neles mesmos.

Uma comunicação habilidosa se baseia no discernimento. Necessitamos de discernimento para saber quando é hora de falar e quando não – quando é hora de dizer com firmeza, "Pare com isso, que dói" ou de falar com suavidade e gentileza. A maioria de nós precisa ter discernimento sobre si mesmo. O que nos exalta ou nos faz cair na armadilha? Como chegamos ao ponto em que nosso desconforto transborda em atitudes das quais nos arrependemos? O que acalma nossa mente agitada, em vez de jogar querosene na fogueira?

Costumo citar Shantideva, um grande sábio budista do século VIII, cujos escritos são amplamente ensinados até hoje. Seu conselho para evitarmos a exaltação é "nos mantermos como um pedaço de pau". Ele faz uma lista de muitas situações provocativas e recomenda que não se aja nem fale quando elas aflorarem. Muitas vezes as pessoas interpretam esse conselho como repressor. Mas o ponto aqui é que manter-se como um pedaço de pau interrompe o ímpeto das nossas reações habituais, que geralmente pioram as coisas. Ao invés de reagir, repousamos com a súbita energia em andamento. Simplesmente nos permitimos vivenciar o que estamos vivendo. Isso diminui o ritmo do processo e permite uma abertura de espaço, nos dá a chance de discernir o processo interior e então fazer algo diferente. E, quando estivermos interagindo com outra pessoa, essa atitude também permite que ela esfrie a cabeça e entre em contato com a própria bondade inata.

Contudo, falar com o coração não vem automaticamente. Não costuma ser uma segunda natureza. Na verdade, é uma habilidade a ser trabalhada. Ano após ano, a vida toda, precisamos ficar refinando nossa habilidade de falar. É um processo que requer tentativa e erro. É preciso cometer muitos erros e estar disposto a aprender com eles. Dzigar Kongtrul Rinpoche me disse uma vez que, para crescer em sabedoria, eu tinha que "aprender do jeito mais difícil". Entendi que somente *não* acertando eu aprenderia a ser mais habilidosa.

Mesmo se antes olharmos para dentro, confirmando a clareza de nossa visão, vendo que não está turva devido a reações emocionais, não há garantia de que o que dissermos irá funcionar. Uma atitude mais tranquila é ver todo o processo como um experimento. Dê o seu melhor, partindo da sensação de humanidade compartilhada e então experimente, diga alguma coisa. Assim, vamos aos poucos aprendendo o que funciona ou não. No entanto, o que funciona com Juan, talvez não funcione com Jasmine; ou o que funciona às segundas-feiras talvez não funcione às quartas. Cada situação é única. Quando lidamos com outras pessoas – outros seres humanos complexos – como podemos acertar todas as vezes? É impossível partir de uma certeza. Tudo que dá para saber é que fizemos o melhor possível para falar com um coração bom e desperto.

No caminho do *bodhisattva*, há um estágio em que se tem um reconhecimento total da verdadeira natureza da realidade – a dimensão vasta, sem sustentação, absoluta do nosso ser. Uma vez obtendo esse reconhecimento, você não o perde – não há volta. Este estágio de entendimento é conhecido como primeiro *bhumi*, ou grau de *bodhisattva*. O interessante, porém, é que após esse reconhecimento há mais nove *bhumis*, antes que se alcance a iluminação total, o estado do Buda.

Quando ouvi isso pela primeira vez, fiquei incrédula: "*Mais nove?*". Depois ouvi Dzigar Kongtrul Rinpoche ensinando essa matéria, e ele disse: "Os outros *bhumis* tratam de aprender a se comunicar". São estágios cada vez mais profundos no aprendizado de curar – como não polarizar, mas sim ajudar o próximo a retornar à sua mente de vasta consciência, à sua bondade inata. Aprender a falar com o coração é uma longa jornada, mas que vale a pena trilhar pois nos leva ao ponto de realmente conseguir trazer à tona o melhor uns dos outros.

Dez

Assim você rotula, assim lhe parece

Nunca subestime o poder da mente. O modo como trabalhamos as coisas pode realmente transformar o que parecem ser. Trabalhar o interior tem a capacidade de transformar o exterior – embora não seja de uma maneira linear, fácil de apontar.

Quando me tornei diretora de Gampo Abbey, o mosteiro da Nova Escócia fundado por Trungpa Rinpoche, deixei todo mundo louco. Uma das razões para eu ter sido tão má diretora no início era querer tudo esteticamente agradável, segundo meu gosto. A limpeza era especialmente importante. Lembro de uma das monjas dizendo: "A única coisa que lhe interessa é a limpeza. E a realização espiritual das pessoas?"

A cozinha era especialmente ruim. Mas não importava o quanto eu chateava, comprava produtos novos, mudava os encarregados, além de ir lá pessoalmente mostrar como se fazia a limpeza, nada mudava. Eu chegava a descer de madrugada para organizar as gavetas. (Eu não queria que as pessoas percebessem o quanto era detalhista, mas uma vez alguém me flagrou às duas da manhã e foi muito constrangedor). Mesmo assim, dois dias depois eu abri a gaveta e estava do mesmo jeito que antes.

Finalmente, depois de muito tormento, lembrei de um ensinamento que havia estudado. O grande iogue do século XIV, Longchempa, dizia que, assim como rotulamos as coisas, assim elas nos parecem. Decidi fazer uma experiência com este ensinamento e ver como se aplicava à minha obsessão por limpeza. Disse a mim mesma: "Não ligo se tudo estiver uma bagunça. Vou trabalhar na minha propensão a rotular as coisas de forma negativa, como 'sujo' e 'desorganizado'. Vou prestar mais atenção ao modo como projeto minha versão da realidade no mundo. Estou mais interessada em fazer isso do que ter tudo do meu jeito". Foi difícil. Eu praticamente tive que botar uma fita adesiva na boca e atar as mãos para não dizer nem fazer nada.

Como eu estava passando apenas parte do ano no mosteiro, toda vez que voltava tinha a chance de ter uma visão renovada das coisas. Com o passar dos anos, comecei a pensar: "Não pode ser verdade, mas a cozinha está bem limpa e organizada. Não preciso fazer nada com as gavetas". Em vez de contrair todo meu ser num nó, senti-me relaxada e feliz lá. Foi um milagre.

Sei que algumas pessoas diriam que eu simplesmente baixei meu nível de exigência. Honestamente, não sei dizer o quanto a cozinha de fato ficou mais limpa, em contraponto ao quanto menos a sujeira me incomodou. De certa forma, não importa. Eu me senti muito melhor, o que fez todo mundo se sentir menos tenso, o que melhorou a atmosfera geral.

Perceber que assim como rotulamos as coisas, assim elas nos parecem não significa que deixamos de trabalhar com as circunstâncias externas. Geralmente, as situações externas precisam ser mudadas de um modo concreto e confiável. Caso contrário, nunca teria havido nenhum movimento pelos direitos civis nem qualquer das ações realizadas por *bodhisattvas* heroicos, inspirados a ajudar no nível externo. Entretanto, se não trabalharmos a mente e nossas percepções, nenhuma revolução política ou econômica irá realmente mudar os hábitos profundos que nos mantêm presos às nossas lutas emocionais, as quais levam à maioria das contendas com os outros. Se não percebermos e trabalharmos nossas projeções, não conseguiremos reduzir nosso sofrimento nem o do próximo. Assim como não conseguiremos realizar nosso desejo e comprometimento de despertar para o benefício de todos os seres vivos.

As *Trinta e sete práticas do bodhisattva*, de Thogme Zangpo, contêm uma série de versos que mostram como lidar com circunstâncias difíceis em sua vida, trocando o modo de rotulá-las. Ele escreve sobre situações que normalmente dão a sensação dos piores pesadelos, como ser assaltado, alguém gritar com você injustamente e ter seu filho querido contra você. Em cada um desses exemplos, ele aconselha a tornar o acontecimento doloroso em ocasião para o despertar espiritual.

Por exemplo, um dos versos diz: "Mesmo que alguém o humilhe e censure diante de uma multidão, pense nessa pessoa como seu mestre e humildemente a respeite". Quando alguém nos trata mal desse jeito, nossa reação natural é pensar na pessoa como inimiga, juntamente com inúmeros rótulos negativos. Para o *bodhisattva*, porém, essa pessoa que humilha e censura pode ser um grande mestre.

Como é que alguém que o atormenta poderia servir de mestre? A razão é que, para despertar, precisamos aprender a cessar a luta contra a realidade. Ou seja, temos que superar nosso ego, "aquele que resiste ao que é". Digamos que você esteja com uma enorme espinha secretando pus no nariz. Você deu um jeito de se olhar no espelho sem realmente vê-la e, quando sai de casa, cobre a coisa com cosméticos. É simplesmente impossível encarar o fato de ter essa coisa horrorosa no rosto. Aí vem uma criança de quatro anos de idade e diz na frente de uma porção de gente: "O que é esse troço na ponta do seu nariz?". Essa criança está dando uma olhada direta e íntima no seu ego. Está lhe mostrando onde você está resistindo à realidade, onde você está tenso e precisa relaxar. Nesse sentido, você poderia dizer que a criança é seu mestre.

Machik Labdron, uma grande praticante tibetana que viveu nos séculos XI e XII, tinha uma lista de sugestões radicais para se desprender do apego ao ego. A primeira delas é "Revele seus defeitos ocultos". Em vez de esconder nossas falhas e ficarmos defensivos quando elas são expostas, ela nos aconselha a sermos abertos a respeito.

Se você deu uma boa olhada no espelho, superou a careta horrorizada e aceitou a espinha simplesmente como ela é, não vai precisar que outra pessoa revele seu defeito escondido. Você pode dizer para a criança, "É isso aí! Bem observado!". Mas essa reação só é realista para aqueles que têm muita prática de acolher o indesejável. Até chegarmos a esse estágio, será necessário que muita gente aponte para nossas várias "espinhas" e que nos sintamos mais confortáveis com o fato de tê-las. Não precisa ser uma grande humilhação diante de uma multidão. É bem comum, sem nem querer, que alguém nos diga algo que expõe uma vergonha oculta. Tendo a atitude de querer crescer com tudo que lhe acontece, possibilita o uso do rótulo "mestre" em vez de "idiota insensível" ou "fedelho safado". Se o seu objetivo é a transformação interior, então por que não ver tudo que o ajuda a crescer – por mais desagradável que a princípio pareça – como seu mestre? Por que não ver seus "inimigos" como "amigos espirituais"?

Desnecessário dizer, isso não é fácil. É mais como um comportamento ideal, do tipo "dê a outra face". É aonde almejamos chegar, se trabalharmos nossa mente e seus hábitos durante um longo período de tempo. É impossível ouvir um conselho inspirador e imediatamente ir do desejo de socar a pessoa a ser capaz de dar a outra face. É preciso trabalhar do ponto onde estamos e permitir que uma transformação gradual aconteça. Mas, em qualquer medida que se consiga implementar essa atitude, teremos o mesmo grau de força para lidar com situações que normalmente nos causam profundo estresse. Iremos nos sentir na mesma medida mais à vontade no mundo.

Nunca subestime o poder da mente. O modo como trabalhamos as coisas pode realmente transformar o que parecem ser. Trabalhar o interior tem a capacidade de transformar o exterior – embora não seja de uma maneira linear, fácil de apontar. Se você trabalhar sua agressividade, por exemplo, todo mundo vai parecer mais simpático. Eu costumava me sentir atacada todo o tempo, mas agora as pessoas me parecem bem legais. Será que é porque eu tenho menos agressividade ou porque elas realmente estão mais legais? Nunca se terá uma resposta definitiva, mas o que fica cada vez mais claro é que o seu trabalho interior tem um efeito profundo no seu modo de perceber o mundo. É por isso que devemos prestar atenção ao modo como rotulamos as coisas.

No final da vida da minha mãe, eu havia criado uma visão nada lisonjeira dela. Rotulava essa mulher – que tinha sido uma ótima mãe para mim – com palavras como "hipocondríaca" e "se vitimiza". Em parte, isso era minha reação a algumas das dificuldades que estávamos atravessando, quando comecei a levar uma vida menos convencional. Então, conheci uma velha amiga dela que não havia encontrado antes. A gente se deu bem e passou a caminhar juntas e conversar bastante. Ela via minha mãe como uma pessoa engraçada, ousada, criativa – um ser humano totalmente diferente. Eu pensava: "*A mãe?*" Então percebi que, assim como eu a rotulava, assim ela parecia para mim. Eu estava fixada em uma ou duas facetas dela e aí conheci essa amiga que tinha uma visão totalmente diferente. Outra coisa interessante é que a amiga ouvira falar uma porção de coisas ruins a meu respeito e ficou surpresa de realmente gostar de mim. Ficamos as duas surpresas e tivemos a chance de nos desprendermos dos nossos rótulos limitantes.

Trungpa Rinpoche usava a expressão "rotulação aleatória" para nos ajudar a perceber a arbitrariedade com que muitas vezes falamos ou pensamos sobre as coisas. Se você fala português, vai usar a palavra "cadeira" para o objeto onde senta. Em romeno, é *scaun*. Em zulu, é *isihlalo*. Trata-se de um objeto neutro, portanto lhe damos um rótulo. É claro, necessitamos da linguagem para podermos conviver e falar sobre as coisas. É uma parte inocente do comportamento humano. Mas então acontece essa coisa estranha em que o objeto, sentimento ou pessoa que rotulamos *se torna* de fato aquele rótulo mental. Acreditamos em nossa designação arbitrária.

Se nos fixarmos demais em nossos rótulos, esquecemos que a natureza das coisas é aberta, fluida e sujeita a mudança e interpretação. Quando eu rotulava a cozinha de "suja" – um rótulo que tinha uma forte carga emocional para mim – aquilo se fixava na minha mente e coloria o que eu via de fato. Mas, se lembrarmos que rótulos são meramente rótulos, podemos usá-los em proveito próprio. Podemos usar a natureza fluida, aberta à interpretação das coisas para trabalhar nossos hábitos.

A prática de *tonglen* é outro modo de trabalharmos com nosso hábito de rotular. Normalmente, quando sofremos qualquer tipo de dor ou quando notamos que algumas de nossas propensões nos lançam uma luz nada lisonjeira, fazemos todo o possível para evitar esses sentimentos. Talvez não os rotulemos conscientemente como "maus", mas é assim que os sentimos. Com *tonglen*, propositadamente nos inclinamos sobre o que queremos evitar e começamos a transformar esses rótulos. Não é que de repente o que é "mau" fica "bom" e vice-versa, mas começamos a descobrir que, abrindo-se gradativamente ao difícil e doloroso, nosso coração fica mais carinhoso conosco e com os outros.

O que antes era "mau" se transforma em *bodhichitta*. Transforma-se num desejo de despertar para que paremos de nos causar dor, assim como aos outros, e depois possamos ajudar o próximo a perceber todo seu potencial de alegria e bondade inata. O desconforto com o sentimento pode permanecer por um tempo, mas já não está firmemente fixado na categoria de "mau". Ainda podemos sentir um forte desejo de rejeitar mas, à medida que continuamos a nos desafiar, inalando o indesejável, a prática continuará a abrir nosso coração.

Quanto mais experimentamos com os rótulos, mais facilmente enxergamos através deles e os usamos em proveito próprio. Continuaremos a usar rótulos para pensar e nos comunicar, mas de maneira mais positiva e sem investi-los de tanta seriedade. Trungpa Rinpoche contou esta história de uma vez estar sentado num jardim com Dilgo Khyentse Rinpoche, um de seus mais importantes mestres. Eles estavam apenas aproveitando o tempo juntos naquele lugar lindo, quase sem dizer nada, simplesmente felizes de estarem lá na companhia um do outro. Aí Khyentse Rinpoche apontou e disse: "Chamam aquilo de 'árvore'", e os dois caíram na gargalhada. Essa é uma ilustração maravilhosa da liberdade e encanto que nos esperam quando deixamos de ser enganados pelos nossos rótulos. Os dois mestres iluminados acharam que era um distúrbio pensar nesse fenômeno complexo, mutável, com todas as suas folhas, casca e fragrância como meramente uma "árvore". À medida que soltamos as amarras dos nossos rótulos, nós também começaremos a experimentar o mundo dessa maneira mais leve, mais mágica.

Onze

A prática da consciência manifesta

A prática da consciência manifesta é um processo gradual
de continuamente voltar a ver o que estamos vendo, cheirar
o que estamos cheirando, sentir o que estamos sentindo.
Aconteça o que acontecer, o método é ir se desfazendo da
matéria adicional e retornar ao puro presente.

Às vezes paro para refletir sobre uma estrofe provocante das *Trinta e sete práticas*, de Thogme Zangpo. Acho-a muito útil, porque interrompe minha dinâmica habitual de ver e pensar o mundo. Diz assim:

> Tudo que resulta em experiência está na mente.
> A mente em si é livre de limitações conceituais.
> Saiba disso e desconsidere as fixações
> Sujeito-objeto – essa é a prática do bodhisattva.[2]

Bem, pode parecer muito filosófico, mas se relaciona diretamente ao que falamos sobre ir além dos rótulos. Se você não en-

---

2 A tradução para o inglês é de Ken McLeod em seu livro *Reflections on Silver River*.

tende bem o que a estrofe está dizendo, ótimo. Talvez seja melhor assim do que *achar* que sabe. Thogme Zangpo está tentando nos levar além dos processos mentais costumeiros. Está apontando para algo que não pode ser descrito ou expressado de fato. Portanto, é melhor analisar esses versos com a mente aberta, em vez de várias ideias preconcebidas. Segundo as famosas palavras do mestre zen, Suzuki Roshi, "há muitas possibilidades na mente do iniciante, mas poucas na do especialista".

O primeiro verso da estrofe refere-se à nossa tendência de confundir o rótulo que damos às coisas com o que elas realmente são. *Sem*, a palavra tibetana aqui traduzida por "mente", refere-se à mente conceitual – aquela que rotula, julga, compara, concretiza e solidifica. Ou seja, este verso diz que nada é experimentado diretamente. Desnecessário comentar que é uma afirmação provocadora. Exceto por raros momentos, algo está sempre encobrindo nossa experiência – nossos pontos de vista, nossas opiniões, nosso puxa e empurra mental e emocional. Por exemplo, acordamos de manhã e ouvimos a chuva caindo no telhado. Podemos rotular o som como "calmante, relaxante, reconfortante". Gostamos daquele som e queremos que continue. Mas, se tivéssemos planejado um piquenique ou outra atividade ao ar livre, rotulamos o som como "má notícia, ameaça, obstáculo" e queremos que pare. No entanto, em qualquer dos casos, o som da chuva continua sendo apenas o som da chuva, sem nenhuma dessas sobreposições.

Sem é a mente que encara as coisas muito seriamente, tornando-as muito concretas. É a fixação no "eu" contra "você", "nós" contra "eles". Todas as nossas reações emocionais, hábitos e *karma* vêm dessa mente. Pode-se dizer que *sem* cria todo nosso mundo. Na realidade, tudo que resulta em nossa experiência não é bom nem mau, certo ou errado. Contudo, gastamos muita energia e sofremos em excesso por acreditarmos em todos esses conceitos.

O verso seguinte diz: "A mente em si é livre de limitações conceituais". Ao falar de "mente em si", Thogme Zangpo refere-se a algo mais profundo do que nossa mente rotuladora e concreta. É a mente da consciência manifesta, livre de fixações. Quando nos conectamos à "mente em si", experimentamos a natureza real das coisas, livre de rótulos. Pelo bem da comunicação, ainda podemos usar rótulos como "árvore", mas sem confundi-lo com a realidade fluida e complexa subjacente.

Thogme Zangpo continua dizendo: "Saiba disso e desconsidere as fixações sujeito-objeto". O que são "fixações sujeito-objeto"? Se você saboreia um sorvete de chocolate, a tendência é sentir-se um "eu" que está saboreando. O sujeito (eu) e o objeto (sorvete) são duas coisas separadas. Na experiência direta de saborear o sorvete, essa separação não existe. Nessa experiência direta, não há "eu" ou "ele". Há somente o sabor. A separação entre sujeito e objeto é uma forma sutil de rotular, outra mecânica de *sem*.

O verso final diz: "Essa é a prática do *bodhisattva*". Ir além da mente fixa e conectar com nossa natureza verdadeira – ou, na linguagem aqui, ir além de *sem* e conectar com a "mente em si" – é uma prática possível. Conhecer esse estado de consciência manifesta é uma das práticas mais importantes do caminho do *bodhisattva*, porque nossos conceitos e fixações são o que originam a polarização e nos impedem de estar inteiramente disponíveis para os outros. Quando relaxamos a mente na consciência manifesta, ficamos em uníssono com nossa bondade inata.

Há muitas maneiras de praticar a consciência manifesta, mas a essência de todas elas é simplesmente comparecer em sua vida – sentidos abertos, mente aberta, coração aberto – e permitir-se um máximo de afastamento das limitações conceituais, ou seja, dos rótulos – "bom" e "mau", "eu" e "outro", além de todo o resto.

Fique nesse estado o máximo que puder, de acordo com seu grau atual de entendimento.

Essa prática pode ser abordada com a atitude "sentado no meio do que está acontecendo". Por exemplo, digamos que você esteja iniciando uma sessão de uma hora de meditação em grupo e naquele instante surge uma raiva enorme de alguém. Imediatamente aquilo vira uma questão importante, com um enredo cheio de rotulações e fixações sujeito-objeto. Como você está preso na almofada de meditação, no meio de toda a confusão só lhe resta fazer o possível para abandonar seus conceitos e rótulos. Toda vez que esses pensamentos raivosos surgem, sem reprimi-los, você simplesmente interrompe seu ímpeto e retorna à consciência manifesta. Ao mesmo tempo, pode dar bastante espaço à sua importante e acalorada questão, para que esse sentar no meio não se torne claustrofóbico. Sinta o espaço no corpo todo, se quiser, do topo da cabeça à sola dos pés. Ou expanda ainda mais, dando à questão o espaço da sala ou até do vasto espaço externo.

Depois de ficar assim sentado por algum tempo, você pode repentinamente se dar conta: "Para onde foi aquilo?". Mas então percebe que já está pensando sobre ser criticado e está mais uma vez dominado pelas emoções. Mais uma vez, você se senta no meio disso e fica largando a rotulação, com aquela noção de espaço. Por fim, vai novamente se pegar cogitando, para onde foi *aquilo*? À medida que continua nesse ciclo, você começa a perceber que sua vida está cheia de dramas que parecem ser o centro do seu mundo. Mas, se continuar se sentando no meio disso tudo, vai senti-la como um fluxo. Não estará mais tão sólida. Tudo é transitório e isso é uma ótima notícia.

Essa abordagem assemelha-se à prática de "assim como é". A consciência manifesta, porém, evoca um nível de clareza adicional, que continua se desdobrando com o tempo. Conforme vamos nos treinando a perceber como estamos sempre rotulando as coisas, começamos a ver o quanto criamos nossa própria realidade. Sempre acho este *insight* impressionante.

Esse processo de criação começa num nível muito básico. Todos nós temos uma forte propensão a rotular as coisas automaticamente – e muitas vezes de forma inconsciente – como agradável, desagradável ou neutra. Gostamos, não gostamos ou não nos interessa. Mas o "agradável" pode facilmente se expandir para um vício intenso, incapacitante, e para todo tipo de manifestações externas, como exploração animal e comércio sexual. O "desagradável" pode levar a preconceitos arraigados, ódio e violência. E o "neutro" facilmente se transforma em indiferença, distanciamento dos nossos sentimentos, podendo nos levar a ignorar o próximo, a não ajudar as pessoas necessitadas. Todos esses rótulos simples podem se manifestar e expandir em nível individual e global.

Sentar-se no meio da situação e praticar a consciência manifesta é um antídoto a todos esses tipos de agravamento. Como temos inúmeras sementes cármicas em nosso inconsciente, todos os tipos de pensamentos e emoções problemáticas afloram sem parar. Mas, cada vez que nos sentamos com eles, dando-lhes o espaço que requerem, estamos queimando aquelas sementes cármicas sem criar novas. Sempre que o próximo drama surgir em sua mente –uma lembrança dolorosa da infância ou uma raiva cega do seu chefe, – se você se sentar no meio da confusão e praticar a consciência manifesta, estará modificando seus padrões habituais. Talvez você sinta que nada está mudando, mas algo está cozinhando em fogo brando. Talvez não seja óbvio, mas sua prática está queimando aquelas sementes cármicas, de forma lenta, mas segura.

De vez em quando, você pode ter um vislumbre mais poderoso da profundidade da consciência manifesta, o que lhe proporciona uma sensação magnífica de regozijo, mas nesse estágio a experiência não passa de uma visão fugaz. Se você tentar se agarrar a isso, se tentar ter essa sensação de volta quando ela se for, estará indo atrás do agradável, em vez de ficar com as coisas assim como são. Estará de volta ao âmbito de *sem*, a mente limitada, conceitual.

A prática da consciência manifesta é um processo gradual de continuamente voltar a ver o que estamos vendo, cheirar o que estamos cheirando, sentir o que estamos sentindo. Aconteça o que acontecer, o método é ir se desfazendo da matéria adicional e retornar ao puro presente. A chuva da manhã não é boa nem má, nem reconfortante nem ameaçadora. Não é sequer "chuva". É simplesmente o que é. Tudo é simplesmente o que é, belo, ainda que basicamente indescritível. Se continuarmos com essa prática – sem parar, ano após ano, na meditação formal e na vida cotidiana –, passaremos a ter uma confiança inabalável de que esse modo de ser, livre de conceitos, está em perfeita harmonia com o modo de ser real das coisas. Com isso ficamos plenamente confiantes na nossa conexão com os demais e na bondade inata.

Doze

A vida muda num instante

> *Quando nossa bolha estoura, conseguimos perceber que estamos atravessando um importante portal. Depois, podemos experimentar frequentar o outro lado desse portal. Podemos aprender a relaxar por lá.*

Alguns anos atrás, Joan Didion escreveu um livro, *O ano do pensamento mágico*. Foi no ano seguinte a uma mudança abrupta na vida dela – a morte inesperada do marido. Além de ser comovente e claro, o livro oferece um fácil acesso para nos aprofundarmos no que significa ir além dos rótulos e se conectar à mente da consciência manifesta.

Ela e o marido tinham voltado do hospital, onde a única filha, de 39 anos, estava em grave estado de coma. Eles tinham acabado de se sentar para um jantar tardio. Ela se concentrava em temperar a salada e ele tomava um uísque. Estavam conversando e, de repente, ele parou de falar. Tinha morrido, assim, de repente.

Logo após a morte dele, ela escreveu algo no computador. Na vez seguinte em que ligou o aparelho, meses depois, leu o que havia escrito: "A vida muda rapidamente. A vida muda num instante. Você se senta para jantar e a vida como era conhecida se acaba".

Essas palavras ecoaram profundamente em mim, lembraram-me de experiências de um choque súbito alterar por completo minha usual, convencional, arrumadinha visão da realidade. Ocorreu-me então que milhões de pessoas têm esse tipo de experiência, esse instante súbito em que o mundo se desfaz completamente. Não é preciso ser budista praticante – não creio que Joan Didion seja – para que seus conceitos a respeito do modo de ser das coisas passem por mudanças tão abruptas e drásticas.

Dzigar Kongtrul Rinpoche fala de como todos nós, querendo ou não, vivemos numa bolha. É a nossa versão da realidade, criada pelo nosso ego, que está sempre dando as costas para a natureza ilimitada das coisas e tentando manter o já conhecido. A maior parte do tempo, conseguimos manter intacta essa noção de familiaridade. Tudo dentro da bolha é previsível e parece fazer sentido. Mesmo passando por uma fase difícil, num certo grau, conseguimos manter tudo coeso. Levantamos de manhã, penetramos num mundo familiar, passamos o dia envolvidos com muitas rotinas conhecidas. O modo como preparamos nossa comida, tomamos nosso café, o modo como nos relacionamos com pessoas em particular de maneiras específicas – é tudo previsível. Não é algo que escolhemos fazer conscientemente. Em qualquer tipo de vida que se leve, possuímos nossa versão de uma bolha. É o nosso modo predeterminado de ser e, na maior parte do tempo, nem sequer sabemos que estamos fazendo isso.

Até Joan Didion, uma mulher sofisticada com uma vida rica e variada, vivia numa bolha. Ela sabia que o marido tinha um problema cardíaco que um dia poderia se mostrar fatal. Mas quando pensava no fim da vida deles, juntos, seus pensamentos envolviam fantasias dramáticas. Ela imaginava, por exemplo, que eles estavam nadando numa caverna que costumavam frequentar e que a água subia e eles morreriam afogados. Esse era "o tipo de fim que eu previa", ela escreveu. "Nunca previ uma parada cardíaca à mesa de jantar."

A primeira vez que algo desse tipo me aconteceu, eu também estava em meio a uma atividade trivial. Estava sentada na frente da minha casa, no Novo México, ouvi a batida da porta do carro, meu marido veio andando, me disse que estava tendo um caso e queria o divórcio, e – *pow*! – a vida como eu a conhecia se acabou.

Eu ainda não estava ligada aos ensinamentos budistas, portanto não tinha nenhum referencial. Anos depois, tive minha primeira aula sobre *shunyata*. Essa palavra sânscrita é comumente traduzida como "vazio". Como acontece com muita gente, a princípio eu a entendi mal. Vazio pode facilmente soar como um vácuo, uma ausência, um estado de inexistência. Algumas pessoas têm a noção de que é como ser lançado de uma cápsula para o espaço sideral e ficar flutuando por toda a eternidade. A imagem que eu tinha acerca do vazio era como o passeio pela Mansão assombrada na Disneylândia, em que os carrinhos o levam pela casa e você vê aqueles hologramas de figuras fantasmagóricas andando em volta. Levei algum tempo para ligar o vazio ao que eu tinha vivido naquele dia no Novo México, ou a outras experiências em que minha bolha estourou de repente.

Nada em nosso arcabouço conceitual consegue nos preparar para a experiência da "vida como era conhecida se acaba". O modo como nossa mente percebe e conduz as coisas já não opera. Todos os nossos pontos de referência se vão; o modo como normalmente concebemos a realidade já não funciona. Embora não use a mesma linguagem, creio que Joan Didion está descrevendo uma experiência de vazio. É a experiência que todos têm quando a vida se desfaz dessa maneira.

Quando falamos sobre o vazio, é importante esclarecer a que "vazio" se refere. A palavra "árvore" não passa de um nome conveniente para um conjunto de partes – tronco, galhos, folhas – que está em constante mudança, diariamente, a todo instante. Nós a rotulamos de "árvore", mas este rótulo só existe em nossa mente. Na realidade, não há nada que possamos definir claramente com nossos conceitos limitadores. Não há nada permanente ou sólido a que possamos nos agarrar. Isso é verdadeiro, não apenas para as árvores, mas para tudo no universo, inclusive "você" e "eu". Tudo é vazio de ideias fixas e rótulos, mas ao mesmo tempo a árvore não desaparece quando reconhecemos seu vazio. Nós simplesmente vemos com mais clareza como ela realmente é: fluida, ilimitada e interligada com tudo que a cerca.

Outra maneira de falar sobre o vazio é dizer que as coisas são "livres de significado imputado". Ao invés de experimentar as coisas simplesmente como são, nossa mente lhes imputa camadas extras de significado. Isso pode soar muito intelectual, mas imputar significado é algo que todos nós fazemos, continuamente. Por exemplo, pense em como se sente quando diz "uma boa xícara de chá". E que tal "um banho quente" ou "meu cachorrinho"? Você pensa no objeto como ele é, ou existe outra camada de significado em cima? Para muitas pessoas, uma boa xícara de chá ou café tem o significado adicional de "conforto". Dinheiro no banco geralmente quer dizer "segurança". Determinado par de sapatos pode significar "bom gosto". Um cônjuge pode significar "confirmação". Mas há qualquer desses significados no objeto?

Quando nossa bolha estoura devido a eventos repentinos, nossos significados imputados são arrancados. Li a narrativa de uma mulher que estava apressada indo para o trabalho, em 11 de setembro de 2011. Estava tão obcecada com uma apresentação que iria fazer na empresa que mal prestava atenção a qualquer outra coisa desde que acordara naquela manhã. Não tinha certeza sequer de ter tomado café. Todo seu mundo estava em sua cabeça.

Então ela saiu da estação do metrô, exatamente no Marco Zero, e a vida como ela conhecia se acabou. Um dos detalhes comoventes de sua narrativa foi a papelada que voava por lá. Todos aqueles documentos e apresentações importantes tinham simplesmente se tornado papéis soltos flutuando no ar. Seus significados imputados haviam desaparecido.

Experiências súbitas de vazio podem ser desencadeadas de várias formas. Às vezes é uma informação. Conheci uma pessoa que, aos 18 anos, passou por uma experiência profundamente desestabilizadora ao descobrir que havia sido adotado. Seus pais adotivos tinham sido muito bons com ele e nada realmente mau lhe acontecera na infância. Contudo, a descoberta imediatamente subverteu a versão da realidade que ele havia construído sem saber. Até aquele ponto, ele passara toda a vida supondo que a mãe que o criara o havia gerado e que o pai também estivera com ele desde o primeiro dia. Essa realidade estava tão integrada ao seu ser que, ao descobrir a verdade, ele teve uma forte experiência de falta de chão, de total desarraigamento. Não somente os significados de "mãe" e "pai" foram minados como sua própria identidade foi questionada.

Quando sua bolha estoura, até as coisas mais comuns da vida – sua mobília, seu vizinho, seu modo de andar na rua – são desnudadas de suas camadas adicionais de significado imputado. Você se encontra num espaço aberto sem sustentação, o que pode durar apenas um instante ou – no caso de um choque grave como o de Joan Didion – muito mais. Se o seu mundo for assim radicalmente virado de cabeça para baixo, pode levar muito tempo para voltar ao que era, para que você tenha algum tipo de chão sob os pés.

Em seu livro, Didion descreve como suas rotinas, relacionamentos e tudo mais ficaram insignificantes. Embora este mundo tenha uma conotação desoladora, ao contemplá-lo detalhadamente ela encontrou mais nele que sua desolação. Como ela vivenciou, assim como eu e muitos outros, quando sentimos essa insignificância, sabemos que nos conectamos a algum tipo de sabedoria. Sabemos que estamos cientes da verdade. A pessoa olha para fora e enxerga o mesmo velho mundo, mas ele já não possui o significado fictício de que era imbuído. O que a impressiona, em certo sentido, é que durante todo o tempo ela inventou seu próprio mundo. As coisas são simplesmente como são, se desenrolam como de costume, mas nosso ego, continuamente em busca de confirmação e segurança, imputa várias camadas de significado.

Muitas vezes, é até engraçado o modo como imputamos significado. Há alguns anos, eu estava num lugar onde havia uma lareira elétrica. Parecia exatamente uma bela fogueira numa lareira comum. Eu gostava de sentar na frente, olhando para a lenha artificial, sentindo o calor aconchegante daquelas chamas simuladas. O único problema é que os vapores do óleo estavam irritando meu organismo. Passei três dias tentando lograr a mim mesma, porque queria aquele sentimento agradável de sentar diante do fogo sem me sentir mal. Num certo ponto me ocorreu que eu estava agindo daquele modo ridículo porque estava imputando um significado ao fogo – algo como "lar é onde o fogo está". Essa percepção me capacitou a ver como as coisas realmente eram. Em vez de me dar prazer, aquele fogo adorável estava me dando a maior dor de cabeça. Depois que minha bolha estourou e eu não conseguia mais me enganar, pude dar uma boa gargalhada. Este pequeno *insight* do vazio transformou um momento de decepção num momento de humor.

Sob o ponto de vista budista, quanto mais exercitamos o vazio, mais abertos à alegria estaremos. À medida que começamos a experimentar as coisas como elas realmente são, além dos rótulos e imputações, descobrimos uma liberdade jubilosa de nossas ilusões. Conforme conhecemos e apreciamos o estado despojado, sem sustentação, de *shunyata*, percebemos que ele é muito mais agradável do que a "realidade" fictícia que tanto lutamos para manter e aperfeiçoar. Essa descoberta nos leva a ter compaixão por todos que estão emaranhados nessa luta contínua. Por isso, desenvolver uma compreensão do vazio é uma das partes mais importantes do caminho budista.

A dificuldade com o vazio ocorre quando não temos um contexto para entender a experiência. Se o vazio for simplesmente jogado sobre nós pelas circunstâncias, pode ser muito doloroso ou, no mínimo, desorientador. A maioria das pessoas que têm a própria realidade desnudada repentinamente fica sem ação. O espaço é vasto demais, sem nada de familiar a que se agarrar.

Podemos agora mesmo nos preparar para tais experiências, começando a nos familiarizar com o vazio. Uma maneira de fazer isso é usar o método descrito no capítulo anterior – sentar-se no meio do que está acontecendo e fazer o melhor possível para abandonar conceitos e rótulos. Se fizermos isso regularmente, de tempos em tempos poderemos ter experiências vívidas de como tudo é, ao nos esvaziarmos das ideias fixas e camadas mentais. Essas experiências podem se parecer aos momentos em que "a vida como conhecida se acaba", mas sem o choque e o trauma. Embora esses momentos de *insight* pareçam surgir do nada, eles vêm por causa da prática, da nossa vontade de continuar sentando no meio das sementes cármicas em maturação. Esses momentos são o resultado natural da nossa abertura e curiosidade de saber se nossos rótulos e imputações mentais têm alguma base na realidade.

Cultivar a experiência do vazio nos dará um contexto para o que está acontecendo, quando nossa vida perde o fundo. Teremos um modo de encarar as fases mais difíceis e desorientadoras –

como a doença, a perda e finalmente, a própria morte – sem tanto desespero e rejeição. Desde o início dos meus estudos sobre o vazio, houve alguns momentos em que meu mundo virou de cabeça para baixo, assim, do nada. Eu não diria que o estouro da bolha é fundamentalmente diferente, mas ter um contexto já não o deixa aterrador ou desorientador. Ele não lhe dá um chão ou algo a que se agarrar, pois a própria experiência é de desarraigamento, de falta de sustentação. Mas compreender o vazio possibilita que o encaremos com coragem, possibilita que apreciemos a experiência como algo que nos aproxima da verdade.

Quando nossa bolha estoura, conseguimos perceber que estamos atravessando um importante portal. Depois, podemos experimentar frequentar o outro lado desse portal. Podemos aprender a relaxar por lá. Finalmente, podemos até nos apaixonar pelo vazio, como Anam Thubten gosta de dizer. Meus professores e outras pessoas conhecidas, que aprenderam a viver nesse espaço aberto, isento de significado imputado, são as criaturas mais destemidas, compassivas e alegres que já conheci. São exemplos vivos do que esse tipo de apaixonar-se pode fazer.

Treze

O vazio frio

Quando paramos de buscar a familiaridade de samsara, quando paramos de lutar contra o desarraigamento obtido pela falta de significado imputado, o vazio se torna uma experiência de êxtase, de infinito, de espaço ilimitado.

Uma vez tendo começado a ver o vazio como uma experiência a cultivar e não a evitar, podemos aproveitar as várias oportunidades que surgem em nossas vidas para aprender mais a respeito. Não precisam ser choques súbitos, em que o chão some e acabamos em queda livre. Às vezes, podemos nos conectar com o vazio através de emoções e estados de espírito menos dramáticos, mas igualmente indesejados. Tédio, solidão, insegurança, ansiedade, medo e até depressão são potenciais pontos de partida para aprendermos como ir além da nossa bolha de significados imputados e vivenciar as coisas assim como são.

Tédio é uma experiência que parece não ter nada a oferecer, mas pode servir de excelente entrada para o vazio. Trungpa Rinpoche gostava de distinguir dois tipos de tédio: quente e frio. O tédio quente nos é mais familiar. Você está lutando contra a experiência. Às vezes, ele vem com um enredo, tal como "não dá para acreditar que eu esteja passando meu precioso tempo deste jeito". Outras vezes, o enredo não sobressai tanto. Seja como for, você considera a experiência ruim e quer apenas rejeitá-la. Em resumo, quer sair daquela situação. O tédio frio, por outro lado, começa basicamente com a mesma experiência, mas, em vez de combatê-la ou fugir, você se permite relaxar nela. Fica aberto, até lhe dá boas-vindas. Ou seja, tudo bem.

Se aprendermos a lidar assim com nosso tédio, sem rejeição, podemos transferir esse conhecimento para a capacidade de trabalhar com o desarraigamento. Se pegarmos o jeito de vivenciar o tédio sem lutar – aprendendo a relaxar com ele e a deixar nossa mente se abrir para apreciar sua amplidão – poderemos aplicar essa habilidade para trabalhar com o vazio. Tanto com o tédio quente, comum, quanto com a intensidade de "a vida como era conhecida se acabou", existe uma tendência semelhante de tentar bloquear ou evitar nossa experiência, colocando algum tipo de chão sob nossos pés. Treinando o tédio frio, treinamos a aceitar as coisas como elas são. Isso nos ajuda a desacostumar do hábito de nos encerrarmos no nosso mundo reconfortante dos significados familiares, imputados.

Trabalhar com a solidão é similar. Quando as pessoas dizem que se sentem sós, estão geralmente falando da solidão quente. Você se sente inquieto. Quer encontrar alguém com quem conversar ou que lhe faça companhia. A sensação é de que algo está errado. A luta continua até que o problema seja solucionado, a partir do exterior. A solidão fria, por outro lado, começa do mesmo modo, mas você é capaz de abandonar a inquietude e a contenda. Com a solidão fria, você relaxa e aproveita o momento presente. Não há o mesmo enredo sombrio. Estando aberto à experiência, você sente sua natureza efêmera, portanto não se sente imobilizado ali.

Insegurança, incerteza, medo e a maioria das outras emoções indesejáveis têm sua versão quente e fria. Como estamos muito mais acostumados às versões quentes, consideramos essas emoções altamente desagradáveis – coisas a se evitar. Mas é justamente essa luta para evitá-las que as mantém quentes. Em suas versões frias, nos sentimos mais tranquilos e despertos. Em vez de uma luta para ter um chão sob os pés, existe uma vontade – uma alegria até – de ficar com as coisas bem como elas são.

Até a depressão, algo temido pela maioria das pessoas, pode ser um excelente campo de treinamento para aprendermos a nos conectar com a abertura e amplidão do vazio. Um dos efeitos comuns da depressão é que as coisas perdem seu significado anterior. Aquela boa xícara de chá já não faz o mesmo efeito. Levar aquela apresentação do trabalho a um nível superior não tem mais o sentido arrebatador de antes. Você está num espaço sem sustentação, onde muitos dos seus pontos de referência sumiram.

Na primeira vez em que minha vida como era conhecida se acabou – naquele dia longínquo no Novo México – entrei num período de profunda depressão. Lembro-me de ficar sentada num sofá durante um dia inteiro, quase catatônica. Mesmo quando tinha espasmos de fome, eles não possuíam o significado imputado anterior. Eu sabia que aquela sensação significava que eu deveria comer, mas estava deprimida demais para me levantar.

A experiência me catapultou para uma situação totalmente nova na vida. Por muito tempo lidei com aquele sentimento desconhecido de falta de chão, basicamente dando chutes e gritando, mas por fim consegui desviar um pouco meu ponto de vista. Embora a depressão continuasse presente, consegui me distanciar um pouco dela. Até que, a certa altura, fui capaz de aprender o que a experiência tinha a me ensinar. Experiências dolorosas, inclusive a depressão, têm algo muito rico a nos oferecer.

Quando começamos a sentir indícios de falta de sentido, como acontece com quase todos nós, temos a chance de mudar nosso ponto de vista. Quando a depressão é mais leve – antes que tome conta e se transforme num estado mental incapacitante – você pode considerar aquele desconforto uma depressão quente. E, a partir dessa perspectiva, pode pelo menos cogitar a ideia de que é possível experimentar a depressão fria.

Parece estranho chamar a depressão de "quente", pois não há nenhuma sensação aconchegante ou quente nela, mas sim o sentimento básico de "quero me livrar disso" ou "isso é horrível". Então, em vez de seguir essa reação habitual, poderíamos pensar: "Talvez eu pudesse vivenciar essa depressão sob uma perspectiva tranquila, ou pelo menos ficar curioso sobre a possibilidade de realmente experimentar esse desarraigamento". Se fizermos isso sem exigir demais de nós mesmos, se formos gentis e carinhosos conosco nesse processo, talvez possamos vivenciar a depressão como um portal para a sabedoria do vazio. Podemos experimentar a companhia do sentimento indesejado em minúsculas mordidas. Mesmo que durem dois segundos e meio, cada uma dessas mordidinhas nos ajudará a conhecer um pouco melhor o vazio, até que ele se torne menos assustador.

Aos poucos, nossa relação com o vazio irá de quente para fria e descobriremos o quanto de satisfação e liberdade pode ser encontrado no estado amplo que existe fora da nossa bolha habitual. Quando paramos de buscar a familiaridade de *samsara*, quando paramos de lutar contra o desarraigamento obtido pela falta de significado imputado, o vazio se torna uma experiência de êxtase, de infinito, de espaço ilimitado.

Entretanto, mesmo que nos sintamos atraídos pelo vazio ou curiosos a seu respeito, não depende da nossa vontade viver sem os significados imputados. É impossível dizer simplesmente: "Ah, vou ver a vista da minha janela sem significado imputado". É impossível, porque estamos excessivamente presos ao modo de habitualmente ver as coisas. Esse hábito é mais profundo do que imaginamos. Mas quando tédio, solidão, depressão e outros sentimentos indesejados surgirem, podemos usá-los como auxílio para nos desacostumarmos do significado imputado. Sempre que nos voltamos em direção à investigação e à exploração – em oposição à contenda e à fuga – estaremos desmantelando a maneira como imputamos significado às coisas. Se fizermos isso por tempo suficiente, nossa bolha do ego irá naturalmente murchar, sem nenhum esforço extra de nossa parte. A verdadeira natureza das coisas se tornará cada vez mais disponível para nós.

Catorze

A experiência do aqui e agora

Sempre que estivermos entre aqui e acolá, sempre que uma coisa tenha acabado e estivermos esperando para que outra comece, sempre que, tentados a nos distrair ou buscar uma rota de fuga, pudermos, ao contrário, nos permitir ficar abertos, curiosos, hesitantes, vulneráveis.

Quando estou dando uma aula sobre o vazio ou a consciência manifesta e quero ajudar a plateia a ter uma experiência direta, ali mesmo, às vezes peço que todos se levantem comigo. Inspiramos ao mesmo tempo e levantamos as mãos acima da cabeça. Em seguida, expiramos juntos e deixamos os braços caírem, de modo que as mãos batam nas coxas. Já cheguei a fazer isso com seiscentas pessoas. É bem barulhento.

Esse exercício cria a oportunidade de experimentar um momento de abertura, sem rótulos e imputações. Após a batida, simplesmente tentamos relaxar a mente, mas qualquer coisa que aconteça está bem. Algumas pessoas experimentam um vácuo no espaço aberto. Outras começam a falar consigo mesmas. Algumas ficam tristes, irritadas ou sonolentas. Outras pensam: "Não entendi". Mas, aconteça o que acontecer, não há problema. Não precisa ser uma experiência especial. O principal é que as pessoas se abram, com a atitude relaxada de permitir que qualquer coisa aconteça, sem rejeição ou juízo de valor. O tapa nas coxas cria uma oportunidade de hiato em nosso processo conceitual mas, se alguém não sentir isso, tudo bem também. É uma prática profunda de simplesmente deixar as coisas serem.

Se você vê o vazio como algo desejável de cultivar – ou até pelo que se apaixonar – sempre encontrará maneiras de sintonizar nele na vida cotidiana. Uma forma fácil de praticar o vazio é simplesmente pausar. Faça isso sempre que lembrar. É muito simples. Diminua o passo e pare abruptamente. Observe e sintonize no momento presente. O fluxo conceitual e a conversa mental sobreposta à sua experiência se rompem, capacitando-o a entrar em contado com a intemporalidade do momento presente – que Trungpa Rinpoche tão habilmente chamou de "*nowness*", o aqui e agora, o presente absoluto.

Quando atrasos irritantes se impõem ao nosso movimentado cotidiano, podemos nos aproveitar da situação, fazendo essa prática de pausar. Por exemplo, está na sua hora de almoço e você precisa ir aos correios. Entra numa fila enorme que não anda. Em vez de ficar lá parado, fervilhando, você pode largar a conversa interna, relaxar e sintonizar no momento presente. Então, a agência dos correios e as pessoas ali podem se transformar numa experiência fascinante. Você poderá realmente ver o que está diante dos seus olhos e ouvir o que lhe chega aos ouvidos. É como se as portas da percepção tivessem se desobstruído. Um momento atrás, você estava envolvido na situação, de cabeça quente ou muito entediado e agora sua experiência se transforma em algo vívido e impressionante. Você se libertou de conceitos como "coitado de mim" ou "não tenho tempo pra isso" e, em vez disso, está desfrutando o aqui e agora.

Ouvi dizer que no passado, no Tibete, a única maneira que as mulheres tinham para chegar à iluminação era praticando nos intervalos de suas vidas ocupadas. Contudo, elas estavam tão comprometidas com o despertar que aprendiam a reconhecer e usufruir das várias oportunidades que surgiam. Qualquer momento "entre uma coisa e outra" – esperar por alguém, ir de um lugar ao outro, ordenhar a vaca – tornava-se uma chance valiosa. Em vez de pensar no que acabara de acontecer ou planejar os próximos passos, elas aproveitavam o momento para pausar a mente conceitual e sintonizar no aqui e agora.

Temos muitas chances similares em nossas vidas. Sempre que estivermos entre aqui e acolá, sempre que uma coisa tenha acabado e estivermos esperando para que outra comece, sempre que, tentados a nos distrair ou buscar uma rota de fuga, pudermos, ao contrário, nos permitir ficar abertos, curiosos, hesitantes, vulneráveis.

É possível se conectar com o aqui e agora nos momentos em que perdemos o rumo, nos sentimos desestabilizados. São os momentos em que você não sabe o que fazer e que efeitos terão suas ações. Muitas vezes, isso aflora com a dificuldade de tomar uma decisão importante. Você não sabe se deve aceitar uma oferta de emprego, ou para onde se mudar, ou qual conselho médico seguir. Quer ajudar alguém necessitado, mas não sabe como. Não tem certeza se é hora de se arriscar ou ficar no que é seguro. Talvez seja um pequeno dilema, como o quê deveria vestir ou escolher no cardápio.

Em todos esses casos, você gostaria de chegar a uma conclusão concreta, mas não há como chegar a nada definitivo. Em consequência, você se sente vulnerável e sem chão. Mas, se prestar atenção e estiver presente nas situações, encontrará uma oportunidade de entrar em contato com a sabedoria do aqui e agora – com a qualidade ilimitada, imprevisível das coisas como verdadeiramente são.

Uma vez, em Gampo Abbey, assisti a uma palestra de Khenchen Thrangu Rinpoche, o abade do mosteiro. Quando ele parou de falar, um dos monges tocou o gongo, significando o fim do ensinamento. Embora seja esse o costume em Gampo Abbey, Thrangu Rinpoche achou que o gongo indicasse o início de uma sessão de meditação. Então, pela hora e meia seguinte, ele ficou sentado em sua almofada, totalmente relaxado, ajeitando-se vez que outra. Nós da plateia não sabíamos bem o que estava acontecendo, então também ficamos lá sentados todo o tempo, num estado de incerteza. Será que ele estava esperando que nós acabássemos ou éramos nós que esperávamos? Cada um dos presentes deve ter reagido à própria maneira – de relaxar com a falta de chão a querer gritar –, mas testemunhar a calma de Thrangu Rinpoche me fez compreender profundamente como é possível ficar confortável no aqui e agora, com o vazio, na vida cotidiana.

Na tradição zen, os professores usam os *koans*, perguntas sem respostas – segundo a mente fixa e o pensamento dualístico, pelo menos. O *koan* zen mais famoso talvez seja: "Qual é o som de uma mão batendo palmas?". Isso pode parecer altamente esotérico, mas, se estivermos sintonizados com o real modo de ser das coisas neste mundo – sem significados imputados e possibilidade de serem definidas – perceberemos que a vida continuamente nos apresenta *koans*.

Para a maioria, esses momentos de ambivalência são experiências negativas e tentamos fugir delas. Para os praticantes espirituais, no entanto, esses *koans* podem ser meios para despertar e perceber todo o potencial de nossos corações e mentes. Em vez de tentar imediatamente responder as questões em aberto que a vida nos apresenta, poderíamos experimentar relaxar com esse sentimento ambivalente, nem que seja por um instante.

Mas, mesmo quando a vida não está nos dando oportunidades de desarraigamento e vulnerabilidade, podemos encontrar maneiras de nos conectarmos com o vazio cotidiano – de sintonizar no aqui e agora. Uma prática que me agrada especialmente é a de tirar fotos mentais instantâneas. Comece fechando os olhos. Então vire a cabeça em qualquer direção – para cima, para baixo, para os lados, não importa. A ideia é não ter certeza absoluta do que verá quando abrir os olhos. Aí, de repente, abra os olhos e veja o que há diante de você. Quase imediatamente, você voltará a rotular tudo, mas tente observar aquele momento antes de iniciar a rotulação. De modo relaxado e aberto, tente tirar uma foto mental daquele instante, que é vazio de significado imputado.

Isso pode ser feito em meio ao seu cotidiano, em qualquer lugar que esteja. Não é necessário fechar os olhos antes, mas isso ajuda a pegar o jeito da prática. Se você for fotógrafo ou outro tipo de artista plástico, esse tipo de atividade pode lhe ser natural, mas tente adaptá-la a uma prática de vazio – um modo de se conectar ao aqui e agora. Também é possível realizar essa prática com outras percepções. Por exemplo, preste atenção aos sons que está ouvindo e tente observar aquele momento antes de identificá-los e decidir se gosta deles ou não.

A prática da foto instantânea nos dá um vislumbre da mente de um meditador experiente em ver as coisas como elas são. Para essas pessoas, há uma constante sensação de surpresa. Você se surpreende que as coisas não sejam como achava que fossem. Essa é a percepção fresca, não convencional do artista-meditador. Trungpa Rinpoche, que nos ensinou essa prática da foto mental, era apaixonado pelas artes. Suas fotografias são muito interessantes. Há uma que mostra, num lado, as últimas duas letras de um enorme letreiro de um posto de gasolina. Depois há um grande espaço e no canto oposto da foto estão as duas primeiras letras de outro letreiro. Tudo se reúne em forma de um lindo momento atemporal.

Todas essas práticas do vazio cotidiano servem para nos conectar com o frescor de cada momento. Frescor esse que está muito mais disponível às crianças pequenas, mas aos adultos também. Às vezes esse frescor é jogado sobre nós, como no caso de um choque súbito. Outras, é preciso cultivá-lo intencionalmente. Mas, seja como for que chegamos lá, a ideia é valorizar esses momentos como vislumbres de uma verdade maior que está por trás do nosso hábito de rotular. Se continuarmos procurando e nos aproveitarmos dessas oportunidades, nosso sistema nervoso irá aumentar sua capacidade de tolerar incerteza, ambiguidade e insegurança. Se continuarmos a nos aventurar para fora da nossa zona de conforto e aumentarmos nossa tolerância a tais sentimentos, nossas vidas mudarão. Em vez de sentirmos que é preciso usar uma armadura de defesa no decorrer do cotidiano, a sensação será mais de estarmos assistindo a um filme. Um dos grandes resultados dessa prática é sentirmos que nada temos a perder.

Quinze

Nascimento e morte a cada instante

Nascimento e morte, nascimento e morte – acontecem contínua e eternamente. Ao nos acostumarmos com este fluxo, renovamos nosso olhar sobre as coisas.

Ao iniciarmos a exploração do vazio, botamos os pés num mundo além da nossa bolha de rótulos e ideias fixas. Começamos a sintonizar com a natureza fluida e vaga das coisas como realmente são. É fácil apreciar a maravilha e a beleza dessa realidade de muitas maneiras. O dia vira noite e volta a ser dia, a lua cresce e míngua, as estações passam por suas mudanças drásticas e sutis. Quando uma flor se abre e depois começa a murchar, aceitamos a pungência da mudança. Mesmo que a decadência da flor nos entristeça, conseguimos apreciá-la como parte do movimento da vida. Imagine como seria, se as coisas existissem de forma fixa. A vida não ficaria logo um tédio?

Nos ensinamentos budistas, entretanto, o assunto da transitoriedade invariavelmente leva à palavra "morte". Pensar na morte não faz parte da zona de conforto da maioria das pessoas. A inevitabilidade da nossa morte e daqueles que amamos não é tão fácil de aceitar quanto as mudanças das estações. É especialmente assim, se vivemos numa cultura onde a morte é geralmente escondida, como é o caso na maior parte do mundo ocidental.

Durante meus trinta anos, morei com minha família numa cidadezinha do México. Lá, a atitude em relação à morte era muito diferente daquela à qual eu estava acostumada. Não havia tanta necessidade de ocultá-la. Quando um bebê morria, por exemplo, alguém carregava o pequeno caixão sobre a cabeça pela cidade. É claro que as pessoas do lugar ficavam muito tristes e sentiam falta de seus entes queridos quando morriam. Não estavam desconectados de seus sentimentos. Mas não havia a atitude de "Não, não! Isso não deveria ter acontecido". Quando nossa família ia a pé de casa até a praça central, passávamos por uma funerária, em que os corpos dos mortos ficavam bem visíveis através de uma grande vitrine. Um dia meus filhos chegaram atrasados da escola. Disseram que tinham feito um grande desvio para não ver os mortos. Na época que saímos de lá, eles já se sentiam mais à vontade com a visão da morte e todos nós estávamos mais familiarizados com essas visões.

Já observei uma série de pessoas morrendo. Aquelas que já se relacionam com a morte geralmente têm mais facilidade de fazer a transição. Mas, quando há medo da morte, pode ser doloroso de observar. Dá para ver o terror nos olhos da pessoa, como se ela estivesse sendo empurrada para dentro de um poço profundo. Tendo testemunhado esses dois tipos de morte, sei para que lado quero ir e me serve de importantíssima inspiração para continuar contemplando a morte. Agora, depois de muito tempo trabalhando com ela, já não a vejo como assustadora. Comecei a ensinar mais sobre a morte por sentir que é desnecessário ter tanto medo dela.

Recentemente iniciei uma prática que me ajudou a aprofundar minha relação com a morte. Surgiu de uma conversa com Anam Thubten Rinpoche. "Hoje de manhã eu estive com meu amigo", ele começou a me contar.

Estávamos numa loja de materiais de arte, comprando pincéis, tinta e papel para fazermos caligrafia juntos. Agora essa lembrança é como de uma vida passada. Acabou-se para sempre e nunca mais vai acontecer daquela maneira. Aconteceu, durou algum tempo e depois acabou, para nunca mais voltar. E agora estou aqui com você. Estamos conversando, há uma mesa entre nós, quadros na parede e estamos juntos neste espaço. Depois, esta experiência estará acabada. Será outra lembrança. Vai passar e nunca mais será a mesma. E tanto você como eu estaremos em outra vida. Hoje de manhã foi como uma vida passada, nossa conversa agora logo será outra vida passada e depois desta virá outra. As coisas estão continuamente nascendo e terminando. E vai continuar sendo assim, num fluxo contínuo por toda a eternidade.

Geralmente pensamos no nascimento em termos de todo o ciclo que este corpo atravessa, o que pode se dar por muitas décadas. No entanto, diariamente passamos por contínuos ciclos de vida e morte. Cada acontecimento das nossas vidas tem começo, meio e fim. Primeiramente, vem a ser; nasce. Depois acaba; morre. E, entre esses nascimentos e mortes, há muitos pequenos momentos, com seus nascimentos e mortes. Todo dia é formado de incontáveis momentos preciosos e cada um deles termina e se torna uma vida passada.

Peguei a narrativa de Anam Thubten e decidi transformá-la numa prática. Penso nisso como um exercício de reconhecer nascimento e morte a cada instante. Já o recomendei a muitas pessoas e o retorno sugere que muitos desses praticantes acabam perdendo o medo da morte. A prática faz a morte se tornar tão familiar que deixa de ser sentida como ameaçadora.

É muito simples. Relembre um acontecimento ou momento ocorrido ontem ou hoje mais cedo. Contemple como aquilo se foi para sempre, como se fosse uma vida passada. Faça isso repetidamente. Faça essa prática sempre que se lembrar – quando acordar de manhã, quando não conseguir dormir à noite, simplesmente quando lhe ocorrer. Se você mantiver essa prática regularmente, atualizada, começará a ter uma sensação de pisar no fluxo da transitoriedade. Terá uma experiência direta de como nada existe de modo fixo. Nascimento e morte, nascimento e morte – acontecem contínua e eternamente. Ao nos acostumarmos com este fluxo, renovamos nosso olhar sobre as coisas. Percebemos a originalidade de cada momento. Digamos que, neste instante, você esteja sentado com este livro. Há sons e odores – alguns naturais, outros artificiais. A luz e o ar têm suas qualidades fugazes e sutis. Seu corpo está passando por várias sensações – calor, frio, tensão, relaxamento, e assim por diante. É como se houvesse uma vinheta para cada momento, e cada uma delas desaparece no passado, para nunca retornar.

Em todas essas experiências, parece haver alguém que as vivencia. Este alguém é "você", a pessoa que tem seu nome. Mas à medida que reflete sobre nascimento e morte a cada instante, você começa a perceber que nem "você" nem "eu" têm identidade fixa. O café de hoje de manhã, a chamada telefônica da noite passada, os afazeres de ontem – cada vinheta que você vivenciou é experimentada por "você", mas esse "você" está em constante mudança. O protagonista de uma cena sai, para ser substituído pelo da próxima. É um "você" diferente em cada cena. Nem o "você" que começou a ler este capítulo está mais aqui. Você e eu estamos continuamente nos dissolvendo e reagrupando, continuamente experimentando morte e renascimento.

Thich Nhat Hanh, com seu modo muito poético de colocar as coisas, compara nosso corpo a um rio. As células são as gotas de água que estão continuamente borbulhando e sumindo. Assim como nossa mente, com todas as suas percepções, pensamentos e sensações efêmeras. Podemos nos identificar com nossos valores, opiniões ou personalidade, mas tudo isso está em contínua mudança. Não há qualquer aspecto de "mim" ou de "você" que não passe por um fluxo contínuo de nascimento e morte. Com a prática regular começaremos a entender isso.

À medida que for se familiarizando com nascimento e morte a cada instante, você irá descobrir outros benefícios. Descobrirá que existem oportunidades contínuas e infinitas para um recomeço. A cada novo instante, uma vida termina e outra se inicia. Isso significa que sempre há outra chance. É impossível ficar imobilizado. Por exemplo, surge alguma coisa e sua reação habitual é sentir-se inseguro. Aí você pensa: "Estou inseguro. Sou uma pessoa insegura. É isso que sou". Basta passar uma hora e você já não está tendo aquela experiência de insegurança. É como se já não fosse a mesma "pessoa insegura". Aquele instante morreu e faz parte de uma vida passada. Assim como a pessoa que vivenciou aquele momento de insegurança. Agora você tem outra chance. E, se novamente tiver uma sensação de insegurança, tem outra chance – e mais outra depois disso. Você pode fazer a mesma coisa habitual inúmeras vezes, pode até estragar tudo, mas não há limite para o número de recomeços. Não há um "você" condenado eternamente ao mesmo padrão de comportamento. Desse modo, a morte que acontece a cada instante é uma grande benção. Há um lema tibetano tradicional de treinamento mental que diz: "Encare todos os *dharmas* como sonhos". Trungpa Rinpoche o refez como: "Veja tudo como uma lembrança passageira". Quando praticamos o reconhecimento do nascimento e da morte a cada instante, esta se torna nossa maneira natural de ver. Nada que acontece em nossa vida é mais fixo ou sólido que uma lembrança passageira. Se conseguirmos experimentar isso realmente, nossa vida e nossa morte se enriquecerão imensamente.

Dezesseis

Imagine a vida sem ego

O dharma sempre fala da superação do ego e até da possibilidade de alcançar um estado irreversível de ausência de ego, mas isso soa teórico para muitos. É quase como se os ensinamentos se referissem a um plano de existência além do mundo humano. Mas, de fato, qualquer um é capaz de superar o ego.

"Você se divorciou do seu marido e agora deveria se divorciar de Pema Chödrön". Faz alguns verões que recebi essa mensagem enigmática de Anam Thubten Rinpoche. Quando perguntei o que ele queria dizer, ele disse que era só uma bobagem e não elaborou. Tempos depois, durante um retiro de meditação, acho que tive um *insight* e entendi aonde ele queria chegar.

Vida após vida, eu nasci e recebi um nome e todas as vezes me identifiquei totalmente com aquela *persona*. Naquele retiro, ficou claro para mim o quanto isso era um desperdício. Que desperdício ficar sendo enganada da mesma maneira e continuar perdendo as chances de experimentar o profundo relaxamento de estar com as coisas do modo como elas simplesmente são.

Como todos os seres sencientes, minha vivência é contínua, momento a momento. Meus cinco sentidos experimentam visões, sons, odores, sabores e sensações tácteis, enquanto minha mente tem pensamentos e emoções. Isso não é nenhum problema. É o que significa estar vivo – uma benção impressionante e maravilhosa.

Contudo, a parte triste é que eu não deixei de me identificar com aquela que experimenta tudo isso, o que se transformou na ilusão de uma entidade contínua, fixa, separada, que pelas últimas décadas eu imaginei como sendo "Pema Chödrön". Esse sentimento de ser aquele ser sólido, imutável, que vivencia as coisas, me imobilizou – de novo. Nessa situação em que é Pema Chödrön "contra" sua experiência, ou Pema Chödrön "a favor" de sua experiência, ou Pema Chödrön "indiferente" à sua experiência. E dessas três reações básicas afloram todos os tipos de emoções intensas, atos prejudiciais e resultados dolorosos.

Continuando com essa reflexão, cogitei o que poderia fazer de outra maneira, desta vez que estou aqui. Como posso me divorciar desta Pema Chödrön? Será sequer possível fazer isso? Como seria continuar vivendo, experimentando e funcionando, mas sem me identificar com uma *persona* fixa? Ou, para usar uma terminologia mais budista, como seria viver sem um ego?

O *dharma* sempre fala da superação do ego e até da possibilidade de alcançar um estado irreversível de ausência de ego, mas isso soa teórico para muitos. É quase como se os ensinamentos se referissem a um plano de existência além do mundo humano. Mas, de fato, qualquer um é capaz de superar o ego.

É possível viver sem um ego, porque o ego é uma identidade falsa. Ocorre que Pema Chödrön é meu nome, mas não quem eu sou. Tenho muitos outros rótulos – "professora", "monja", "americana", "idosa", e assim por diante – mas nenhum deles define o que eu sou. Não há como resumir uma pessoa num nome, em algumas palavras e nem em alguns volumes de palavras. Nossos nomes e rótulos servem ao propósito prático de nos ajudar a conceituar e comunicar, mas não são quem nós somos. O modo de ir além do ego é parar de acreditar nessas identidades vazias.

Até mesmo os iluminados ainda têm uma noção de ser, de habitar um corpo – um corpo em particular, que é velho ou jovem, masculino ou feminino, alto ou baixo, moreno ou claro. Mas o que eles não têm é a noção de pertencer àquele corpo ou *persona* ou de se identificar com eles. Conseguem fazer as coisas sem se identificar com o realizador, podem ter experiências sem um agente fixo, podem ter pensamentos sem um pensador.

Pode-se estranhar esse modo de ser, mas é possível fazer experiências e ter uma noção de como é. Ao comer, por exemplo, reflita sobre o que significaria comer sem aquele que come. Ao se mexer, explore o movimento sem seu propulsor. Ao ver ou ouvir, cogite como seria fazer isso sem o espectador ou o ouvinte. Ao meditar, observe o feito sem um meditador. Qualquer coisa que fizer, tente ter uma noção dos fenômenos simplesmente se desenrolando, sem a presença de uma pessoa reagindo àquilo ou tentando controlar a experiência. Isso coaduna com o conselho de Thogme Zangpo de "desconsiderar as fixações sujeito-objeto". Qualquer coisa que fizer, tente experimentá-la diretamente, sem qualquer separação entre quem você é e o que está fazendo.

Não há garantias para as descobertas que você fará com esse experimento, mas talvez consiga se conectar à experiência livre, não conceitual, de simplesmente comer, andar, ou seja o que for, sem essa sensação de *eu*, o que come, *eu*, o que anda. Quando isso acontece, você está sentindo o sabor do que é viver sem um ego.

A diferença entre viver com e sem ego é como a diferença entre estático e fluido. Como a tendência do ego é resistir à natureza em aberto, vazia, das coisas, quando nossa experiência é dominada pelo ego, nossas percepções ficam congeladas e perdem a vitalidade.

Tive um sonho muito interessante quando era jovem, que até hoje permanece vívido na minha memória. Eu estava num estado fluido, sem qualquer senso de oposição – nada de "eu" contra "você" ou "eu" contra qualquer coisa. Havia apenas uma sensação aberta, que era dinâmica e viva. A palavra que não parava de me vir à mente era "processo". Eu reconhecia como tudo estava em processo – movendo-se, crescendo, vivendo. Eu tinha uma profunda noção do que era ser eu e do que era estar em intercâmbio com tudo que meus sentidos percebiam. E pensava: "Nada é como parece ser". Reconhecia que o modo fixo, concreto, com que eu geralmente percebia as coisas, era apenas uma ilusão.

Quando acordei, foi muito chocante. Abri os olhos e de repente lá estava eu, de volta a este mundo congelado. Meus sentidos voltavam a ver tudo de maneira fixa. Tudo parecia ser de plástico, como aqueles *sushis* plásticos que alguns restaurantes japoneses exibem na vitrine. Lembro-me de achar isso muito deprimente. Eu tivera uma experiência de algo que parecia a verdade, mas não havia como voltar lá.

Anos depois, quando comecei a ouvir os ensinamentos budistas sobre vazio e ausência de ego, usei aquele sonho como referência. Ele ecoava as palavras usadas por Trungpa Rinpoche e outros professores – "dinâmico", "fluido", "em processo", "vivo". Mas esses mestres não só me deram uma noção do que era a experiência de ausência do ego, como também indicaram o caminho para eu cultivá-la aos poucos.

Se o ego é um problema tão grande, tudo indicaria que a solução mais natural é livrar-se dele. Não é assim quando temos alguém no escritório, na comunidade ou na família que é a maior mala sem alça? Você quer se livrar da pessoa, ou pelo menos dar um jeito de nunca mais ter que vê-la ou lidar com ela. É uma reação normal à dificuldade. E se todos esses ensinamentos sobre o ego são a maior encrenca da nossa vida – a maior mala sem alça – por que não deveríamos simplesmente tentar nos livrar dele?

Mas a ideia de que precisamos nos livrar do ego é um mal-entendido que muitas pessoas – até mesmo praticantes experientes de budismo – compartilham. A noção de que precisamos nos livrar de alguma coisa em nós mesmos é um esquema que só serve para intensificar nossa luta interna, algo que só inflama nossa tendência a sermos antipáticos conosco. O que o Buda ensinou, em vez disso, é o método da não rejeição.

Em vez de se livrar do ego, a ideia é ficar bem consciente dele e de como funciona. Somente conhecendo o ego intimamente é que ele vai perder seu poder de nos manter girando em *samsara*. O ego manifesta-se nas inúmeras maneiras com que resistimos ao que é. Está presente em todos os modos de empurrarmos o que não queremos e puxar o que queremos. Ele mostra a cara em todos os nossos pontos de vista, opiniões sólidas e ideias fixas. Está presente nas formas como nos identificamos "fracos", "fortes", "falidos", "sábios", "competentes", "incapazes", e assim por diante.

O cerne da prática é perceber tudo isso e descansar bem ali no meio, sem tentar consertar ou alterar qualquer coisa. Seja o que for que apareça, simplesmente praticamos o ficar presente com o máximo possível de tranquilidade, curiosidade e abertura. Podemos trabalhar com a percepção e experimentação de toda essa atividade mental – sem fazer nada a respeito, além de simplesmente observar.

Nossa jornada rumo a uma vida sem ego trata de aprender a soltar, relaxar, arriscar, esperar para ver e nunca nos resumir a algo. Este é o caminho, no qual podemos trabalhar todos os dias, com nossa melhor capacidade atual. Foi isso que resolvi fazer por mim mesma, num esforço de me divorciar de Pema Chödrön. É um divórcio amigável e sei que vai levar um tempo para se concretizar. Mas, com certeza, não quero desperdiçar outra vida levando tão a sério esta *persona* atual, que é muito fugaz, muito frágil.

Dezessete

Nossa sabedoria muda o mundo

Tanto a proliferação global da distração e da agressividade quanto o fortalecimento da paz e da harmonia dependem de como nós, cidadãos do mundo, nos sentimos a nosso respeito.

Não podemos ter uma sociedade esclarecida nem um mundo sadio e pacífico, se seus indivíduos estiverem empacados numa mente pequena e fixa. A partir da nossa capacidade individual de nos conectarmos com uma mente ampla e um grande coração – ou seja, com nossa bondade inata – podemos manifestar uma cultura em que as pessoas cuidam de si mesmas e dos demais. Podemos ter uma sociedade em que vemos os potenciais uns dos outros, ao invés de vermos falhas ou inadequação.

Para a maioria das pessoas, esse é um trabalho em progresso. Talvez eu veja a bondade e o potencial de quatro pessoas, mas aí tem uma que realmente me dá nos nervos e eu penso: "Quanto a essa, não tenho muita certeza!". E, que tristeza, às vezes a pessoa de cuja bondade inata você mais dúvida é você mesmo.

Esse tipo de autoimagem deficiente prevalece especialmente na nossa cultura. Não gosto de idealizar a cultura tibetana, mas uma coisa que ouvi dizer e já observei é que os tibetanos não questionam se sua natureza básica subjacente é boa. Se alguém, por exemplo, notar que está com inveja, não pensa: "Isso significa que sou intrinsecamente invejoso" ou "Isso prova que não valho nada". Antes, vê isso como um padrão habitual temporário e removível. A inveja tem que ser atacada, mas não é um aspecto permanente de seu caráter.

Quando S.S. o Dalai Lama começou a se encontrar com professores budistas do ocidente, eles lhe contavam sobre seus discípulos geralmente expressarem autodepreciação. Até mesmo os professores tinham concepções negativas de si mesmos. A princípio, essas palavras simplesmente não computavam para o Dalai Lama. Ter uma autoimagem negativa era algo totalmente estranho para sua visão de si mesmo e dos outros. Era algo muito distante da natureza aberta e basicamente boa que ele sabia que todos possuíam. Não fazia sentido que as pessoas pudessem ser tão duras consigo, tão críticas – até o ponto de se odiarem.

Certa vez perguntaram ao Dalai Lama como era possível manter a tese da bondade inata, quando havia tanto mal no mundo. Ele respondeu, falando sobre as crianças bem pequenas que quase sempre são gentis e atenciosas, abertas e generosas. Isso concorda com alguns estudos que investigam o modo como as crianças pequenas se relacionam com o mundo. Quando lhes mostram fotos de outras crianças felizes ou gentis, digamos, com pequenos animais, elas sorriem, dão risada. Mas quando veem fotos de crueldade ou de crianças sendo feridas, ficam infelizes. Essas descobertas demonstram que, no início da vida, antes que uma porção de ideias fixas fique arraigada, a qualidade básica da natureza humana é amorosa. O Dalai Lama explicou que, à medida que crescemos, surgem causas secundárias que obscurecem nossa natureza aberta e amorosa. Quando chegamos à adolescência, por exemplo, grande parte do nosso *karma* passado amadurece de forma a muitas vezes resultar em confusão. Mas esses obscurecimentos são apenas temporários, como nuvens se movendo num dia claro e bloqueando o sol. Nossa bondade inata não desaparece nem precisa ser recriada. Precisamos somente utilizar métodos eficazes para revelá-la.

Descobri que, para trabalhar com isso, é realmente útil praticar intencionalmente o contato com a bondade inata. A razão para fazer isso é me ajudar a entrar em contato com o espaço aberto, imparcial que sempre está disponível para todos. Ao mesmo tempo, porém, o ponto é ver claramente o que nos impede de conectar com a abertura do nosso ser. Em vez de focarmos apenas no sol, reconhecemos também as nuvens que o obscurecem. Se tentarmos focar na nossa bondade inata, mas sentimos que há algo basicamente errado conosco, a prática será ineficaz e provavelmente improdutiva. É como acordar num dia nublado e dizer que o sol não está brilhando. Mas, é claro, o sol está sempre brilhando. Nunca desaparece. Precisamos nos familiarizar com as nuvens e, se ficarmos realmente íntimos, veremos o quanto são insubstanciais. Sua densidade e concretude se desfazem e vemos que o sol da sabedoria nunca deixou de brilhar. E essa clareza e calor estão sempre disponíveis para nós.

O sentimento de que "algo está inerentemente errado comigo" é uma das nuvens mais importantes com que criar intimidade. Eis aqui uma abordagem. Feche os olhos e veja se consegue entrar em contato com esse sentimento deficiente. Relembrar um momento em que esse sentimento surgiu com força às vezes ajuda. Alguma coisa aconteceu ou foi dita que desencadeou seu hábito de sentir-se mal a seu respeito. Lembrar disso pode ajudá-lo a se conectar com o sentimento.

Agora faça duas perguntas a si mesmo. A primeira é: "Esse sentimento depende de um diálogo interno, de um enredo?". Ou seja, se você verificar atrás das palavras dessa história, o sentimento ainda está lá? E a segunda pergunta é: "O que significaria para mim aceitar esse sentimento com gentileza? O que significaria simplesmente deixá-lo lá?"

A primeira pergunta é importante porque, se não fizermos um esforço para verificar o que há por trás das palavras, o diálogo tende a continuar, querendo solucionar a questão ou fazer com que nos sintamos piores a nosso respeito. Tentamos encontrar a simplicidade da coisa toda, sem todo o desdobramento, sem acender a fogueira, agravando assim o enredo.

Tudo pode ficar muito mais simples, mas o sentimento ainda está lá? Quando comecei a experimentar com isso, lembro-me de achar que, se largasse o enredo, não haveria nada por trás. Descobrir que, mesmo sem todas as palavras, o sentimento negativo ainda continuava lá me pareceu quase um *insight*. Estava lá, mas numa forma pré-verbal. Por exemplo, se eu trouxesse esse sentimento à tona, pensando no que alguém havia me dito, mesmo quando verificava por trás do meu diálogo interno ainda sentia algum tipo de energia negativa pré-verbal.

Uma vez que você entrou em contato com aquele sentimento ou energia pré-verbal, o próximo passo é ficar lá, sem desdobramentos, e olhar com ternura para aquilo. Gosto da ideia: "O que significaria aceitar totalmente esse sentimento e, ao invés de rejeitá-lo, abraçá-lo?". É algo que precisamos descobrir por conta própria. Um professor ou um livro podem aconselhá-lo a aceitar alguma coisa ou a deixar que fique lá, e conceitualmente isso pode fazer sentido, mas como você realmente faz isso? Para mim, uma abordagem de aceitação pode ser encontrada neste ditado de Shambhala: "Coloque a mente amedrontada no berço da gentileza amorosa". Ou seja, seja amigo de si mesmo.

É impossível ser amigo e crítico ao mesmo tempo. Se você tem uma boa amiga, provavelmente sabe tudo sobre suas idiossincrasias. Deve ter algumas ideias sobre como ela poderia ser mais feliz, se lidasse de modo um pouco diferente com algumas coisas. Mas, se chamar a atenção dela sobre essas questões, não o fará de maneira dura, crítica. Não fará isso porque acha que existe algo inerentemente errado com ela, mas sim porque gosta dela. Fará isso porque acha que a ajudará a ver o que está acontecendo, o que a ajudará a superar seus hábitos negativos. E, se ela reconhecer aonde você quer chegar, talvez o mande passear, mas por trás disso há uma boa chance de que irá apreciar o que você está dizendo.

Esse é o tipo de abordagem amigável que podemos gradualmente aprender a ter em relação a nós mesmos e a nossos sentimentos desconfortáveis. Isso nos capacitará a permanecer com o sentimento por trás das palavras o tempo suficiente para criar intimidade com ele. Talvez a energia pré-verbal persista, mas desenvolveremos uma relação diferente com ela. Não irá se tornar automaticamente em "algo está errado comigo" e toda a conversa interna que se segue.

Aceitar uma coisa, aliás, não é o mesmo que *gostar* dela. Aceitar um sentimento que habitualmente associamos ao desconforto não significa que imediatamente nos viramos e começamos a gostar dele. Significa ficar bem com ele como parte da textura da vida humana. Significa entender que, se quisermos nos tornar seres humanos totalmente despertos, precisamos aprender a não evitar ou rejeitar qualquer experiência humana. É como aceitar o clima. Podemos preferir ensolarado a chuvoso, ou a primavera ao inverno, mas fundamentalmente aceitamos o clima e as estações como são no momento.

Portanto, eu me comprometi pessoalmente a continuar mudando minha maneira de ver a mim mesma e aos demais. Para tanto, começo entrando em contato com o sentimento de que algo está errado comigo e depois tendo a intenção de trabalhar para abandonar esse sentimento, vendo-o com ternura. Por fim, aprendi como posso simplesmente deixá-lo ser. Se cada um de nós conseguir mudar seu modo de se ver, estará fundando a base para uma cultura de pessoas que não desistem de si mesmas nem dos outros. E certamente precisamos disso agora mais do que nunca.

Acho que é até justo dizer que o modo como nos sentimos a nosso respeito determinará o futuro do mundo. Tanto a proliferação global da distração e da agressividade quanto o fortalecimento da paz e da harmonia dependem de como nós, cidadãos do mundo, nos sentimos a nosso respeito.

Trungpa Rinpoche enfatizava que estamos numa encruzilhada. Como vemos, há muita violência, polarização, degradação ambiental e sofrimento por todo o planeta. Dá a impressão de que as coisas estão fugindo ao controle. Podemos reagir a esse estado de coisas com medo, agressividade e egoísmo ou então reagir a partir da confiança em nossa mente vasta, aberta, basicamente boa, que é infinitamente consciente, ainda que desprovida de significados imputados. O modo de reagirmos determinará o encaminhamento do mundo. Como cidadãos deste planeta, podemos encaminhar as coisas na direção da sabedoria, atenção e compaixão.

Dezoito

Acolher o indesejável dando risada

O humor alivia o caminho espiritual, impedindo que se torne um fardo. Ele dá a abertura para nos aprofundarmos nos ensinamentos, em vez de nos fixarmos no que achamos que eles significam.

Alguns anos atrás eu estava parando na casa do meu filho Edward e sua família. Estava na sala de jantar, quando me dei conta de que havia perdido minha garrafa de água. Como meus amigos e familiares bem sabem, tendo a me afligir e ficar obcecada com as mínimas coisas. Então, comecei a procurar por todo canto, feito um ratinho. "Será que está aqui embaixo? Está ali em cima? Será que está dentro dessa sacola? Onde está? Onde está? Ah, acho que deixei no *shopping*! Será que dá pra ligar pra lá?"

Meu filho havia acabado de ler seu primeiro livro sobre Budismo porque minha filha lhe presenteara. Observando meu comportamento neurótico, do qual eu não estava realmente consciente, ele aproveitou para zombar de sua mãe monja budista. Disse ao seu filho Pete, que na época tinha uns doze anos: "Está vendo o que a sua avó está fazendo? Ela está sofrendo. E sabe por que ela está sofrendo, Pete? É porque está apegada àquela garrafa de água. Se ela simplesmente desistisse do apego à garrafa, não sofreria mais". E eu concordei: "Pete, com certeza seu pai acertou!".

O senso de humor do meu filho atingiu em cheio meu hábito. Na mesma hora parei de me lamuriar e disse: "Sabe de uma coisa, não estou nem aí se vou encontrar ou não aquela garrafa. Quero é trabalhar este padrão obsessivo". E toda a família aprovou: "É isso aí!". Mesmo agora, quando começo a ficar obsessiva com alguma coisa, relembro esse incidente. Dar uma boa risada de mim mesma ajuda a driblar a situação.

Todos os meus professores tinham um grande senso de humor e valorizavam o humor como parte importante do caminho espiritual. É parte chave de sermos amigos de nós mesmos. Muitas pessoas passam os dias perseguidas por suas imperfeições. Acham que há algo de fundamentalmente errado com elas. Algumas reagem a esse sentimento, ocupando-se o tempo todo – correndo de um lado para outro freneticamente, com um alto nível de estresse. Algumas se dopam com substâncias e outras formas de escape. Outras simplesmente ficam muito melancólicas. Mas são todas formas de escapar da terrível sensação de não ser legal de alguma maneira. Por outro lado, quando rimos de nós mesmos, nossos terríveis defeitos ficam menos sólidos e graves.

Tenho um amigo que às vezes me manda uns cartões humorísticos com temas espirituais. Um deles mostra um homem careca, furioso, usando vestes de monge budista, esganando outro monge. A legenda diz: "Passando por um momento desbudista?" Outro mostra uma mulher sentada em posição de meio lótus com a legenda: "Estou aqui sentada, totalmente evoluída e em uníssono com todas as formas de vida... compassivamente sem julgar os imbecis." São pensamentos que nenhum "budista adequado" deveria ter. Parece muito desbudista regozijar-se secretamente quando seu amigo fracassa, ou procurar elogios, ou ficar obcecado por uma garrafa de água. Podemos sentir que somos o único, entre nossos companheiros espirituais, que se sente arrogante, lascivo ou pessimista. Jarvis Masters me disse que não gosta quando padres e outros assistentes – budistas ou não – chegam ao presídio com sorrisos largos e pregam sobre virtude e ética, sempre olhando para o lado luminoso. Ele disse: "Começo a sentir 'será que sou o único a ter maus pensamentos aqui?'".

Ter esses "maus pensamentos", porém, nos fornece a ocasião perfeita para rirmos de nós mesmos. Mesmo quando tenho a aspiração sincera de acordar cada dia para o benefício de todos os seres sencientes, inúmeros pensamentos habituais ainda podem surgir. A verdade é que quase todos nós poderíamos ser o sujeito do nosso próprio livro de charges desbudistas. Mas sem humor fica difícil ter a paciência e a resiliência necessárias para encarar o fluxo constante de pensamentos e sentimentos dolorosos e recriminadores. A sensação será de estarmos cercados de inimigos: nossos desejos mesquinhos, nossos preconceitos inesperados, nossas queixas constantes. Por outro lado, se nos levarmos menos a sério, poderemos ver esses eventos mentais indesejados como velhos amigos. Se você se encontrar obcecado por causa de uma garrafa de água, pode pensar: "Ah, aí está você de novo, minha velha, conhecida amiga, a Aflição Neurótica".

Ser capaz de rir de nós mesmos nos conecta com nossa humanidade. Em troca, isso nos ajuda a nos conectar e ter empatia com outras pessoas. Percebemos como todos nós somos fundamentalmente iguais. Todos temos nossa bondade natural, assim como muitos hábitos chatos e neuróticos. Se nos desdenhamos e criticamos por nossas fraquezas, inevitavelmente desdenharemos e criticaremos os outros. Mas, se nos apreciarmos assim como somos, sem julgamentos, será da mesma forma mais fácil fazer o mesmo em relação aos outros. Então será natural querer o melhor para os outros e trabalhar para despertar em seu benefício. Por essa razão, o humor é considerado uma das qualidades indispensáveis do caminho espiritual.

O humor alivia o caminho espiritual, impedindo que se torne um fardo. Ele dá abertura para nos aprofundarmos nos ensinamentos, em vez de nos fixarmos no que achamos que eles significam. Por exemplo, os mestres budistas sempre nos chamam a atenção para a perda de tempo. Há muitas reflexões sobre como é raro e precioso ter uma vida humana com a oportunidade de praticar o *dharma*. Mas, se você abordar esse tópico sem senso de humor, é provável que fique torturado pelo fato de regularmente estragar tudo. Você pode ir a uma festa e ficar tão tenso para manter a plena atenção que na verdade fica fechado para as pessoas em volta. Você leva a falta de frivolidade tão a sério que começa a olhar os outros com ar de superioridade. A chave para não desperdiçar a vida é encontrar um equilíbrio que inclua o humor – aplicando-se cuidadosamente, no instante em que começar a ficar emocionalmente reativo, mas mantendo o senso de leveza e brincadeira.

Um famoso conselho do Buda é que a pessoa sempre deveria tentar "não ficar muito tensa e nem solta demais". Navegar as várias situações de nossa vida sem cair em um desses extremos requer certa flexibilidade mental. O ingrediente chave dessa flexibilidade é o humor. Ter senso de humor significa estar aberto à espontaneidade do desenrolar das coisas, sem ter noções fixas de como tudo deve se encaminhar e como deve ser. Na verdade, o mais hilário é quando você está tentando encaminhar as coisas para um lado e elas acabam indo para uma direção oposta, como se você estivesse tentando pintar sua sala de bege e ela acabasse cor-de-rosa.

Às vezes, Trungpa Rinpoche usava o humor como meio de nos ajudar a conectar com nossa consciência manifesta. Em uma de suas aulas, ele contou uma piada que todo mundo já conhecia de trás para frente. Era uma variedade daquelas piadas de "papa e rabino". Mas Rinpoche deu um jeito de arrastá-la tanto que durou quase uma hora e meia. Foi tão hilário que até queríamos que ele parasse, porque nossas costelas já doíam de tanto rir. Então ele parou e simplesmente repousou em consciência manifesta. Estavam todos tão soltos e relaxados que juntar-se a ele naquela amplidão e clareza veio naturalmente. Quando nossa mente se preenche com a cordialidade do humor, ficamos em contato com o melhor de nós.

Dezenove

Aprendendo com nossos professores

Os verdadeiros mestres nos mostram o que realmente significa ir além da mente fixa, existir sem polarização, viver alegre num estado de desarraigamento. Eles ainda podem ter que avançar em seus caminhos, mas, tendo chegado bastante longe, já abandonaram seus falsos confortos samsáricos e superaram os padrões e reações habituais.

Como bem sabemos, mas às vezes esquecemos, nossas companhias são muito importantes. Em sua obra *Trinta e sete práticas do bodhisattva*, Thogme Zangpo aborda este tema em duas estrofes. A primeira é sobre evitar influências negativas: "Com alguns amigos, o veneno não para de se espalhar. Enquanto o estudo, a reflexão e a meditação se enfraquecem, a gentileza amorosa e a compaixão se esvaem. Desista dos maus amigos. Essa é a prática do *bodhisattva*".

"Venenos" aqui significam emoções como raiva, inveja e desejo obsessivo. Estar com certos amigos e em certas situações pode agitar essas emoções. Se você estiver trabalhando para superar um vício em álcool ou drogas, por exemplo, andar com pessoas que gostam de usar essas substâncias vai piorar as suas chances. Ou, se você quer parar de ter uma visão negativa das pessoas, talvez tenha que deixar de andar com seu amigo misantropo. Ou, como mencionei num capítulo anterior, se tiver um amigo com quem adora fofocar, vocês terão que chegar a um acordo mútuo para parar com isso.

"Maus amigos" é uma expressão que pode evocar uma imagem monstruosa como Darth Vader, mas a estrofe está somente falando de como é fácil se desviar, se distrair, ser seduzido. Quando estamos com certas pessoas ou em certas situações, perdemos a noção do que fazer ou não. Todas as palavras de sabedoria que ouvimos e compreendemos perdem o poder de afetar nossa mente. Esquecemos a preciosidade desta vida, onde temos acesso a tantos ensinamentos e métodos para despertar. Quando passamos muito tempo sob influências erradas, perdemos nossa capacidade de sentar com a energia crua, desconfortável. Ficamos mais envolvidos conosco, pobres de espírito e negativos. Torna-se cada vez mais difícil ver nossa bondade inata e a dos demais.

A estrofe seguinte das *Trinta e sete práticas* refere-se a um relacionamento que se destina a ter o efeito oposto. Esse é um relacionamento com um professor ou amigo espiritual: "Na companhia de alguns mestres, suas deficiências se dissolvem e as habilidades aumentam como a lua crescente. Conserve esses mestres com apreço, mais apreço do que tem pelo próprio corpo. Essa é a prática do *bodhisattva*".

Algumas pessoas extraem o melhor de nós. Em sua presença, nos tornamos mais nobres, corajosos e altruístas. Ficamos menos cínicos, mesquinhos e inseguros. É provável que a maioria de nós conheça uma série de pessoas que provocam esse tipo de efeito. Na linhagem budista à qual pertenço há muitos anos, esse papel é desempenhado pelo professor espiritual. Conservo com muito apreço meus professores, começando por Chögyam Trungpa Rinpoche, pelo modo como conseguiram me mostrar meu próprio potencial e por serem meus exemplos. É como conhecer uma parte sua que você nem sabia da existência.

Antes de conhecer Trungpa Rinpoche, eu não tinha noção de como me agarrava habitualmente a ideias fixas, rótulos e significados imputados. Eu nem suspeitava do fato de que resistia continuamente às coisas como elas são e que poderia aprender a relaxar essa resistência e aos poucos começar a viver no espaço livre e aberto da ausência de ego. Eu não fazia a menor ideia de que minha mente e meu coração tinham o potencial de despertar, preocupar-se com o próximo e sentir uma conexão crescente com todos os seres vivos.

Os verdadeiros mestres nos mostram o que realmente significa ir além da mente fixa, existir sem polarização, viver alegre em estado de desarraigamento. Eles ainda podem ter que avançar em seus caminhos mas, tendo chegado bastante longe, já abandonaram seus falsos confortos samsáricos e superaram os padrões e reações habituais. Talvez ainda passem por experiências como raiva e insegurança, mas essas emoções não os derrubam. Eles são capazes de ficar totalmente presentes, com a mente aberta, viçosa, imparcial. Em sua presença, também experimentamos essa mente aberta e nos sentimos inspirados a fazer o máximo de nossa vida. Ao encontrar a grande abertura mental do mestre, você sente o eco da abertura da sua própria mente. Percebe como não há realmente uma diferença essencial entre a sua atenção plena e a do mestre. E vê que pode realizar o que eles realizaram, porque todos nós tivemos que começar no mesmo lugar – como seres humanos confusos e reativos, mas basicamente bons. Através de instrução e exemplo, o professor nos mostra que é possível.

Trungpa Rinpoche e meus outros principais professores pertencem à tradição Vajrayana, que dá especial ênfase ao relacionamento mestre-discípulo. Em consequência, pode haver uma aura mística em torno do professor, o que às vezes leva as pessoas a procurar por um mestre de modo quase desesperado. "Será que é este o meu mestre? Ou será aquele? Este aqui parece muito bom. Gosto dos ensinamentos desta pessoa. Eles realmente fazem sentido para mim. Então, esta pessoa *deve* ser o meu mestre".

Descobri, na linha Vajrayana pelo menos, que o mais importante para encontrar um professor é a conexão do coração. Algumas pessoas à procura de um amor fazem uma lista de requisitos e depois saem em busca de um parceiro que os preencha. Mas encontrar alguém que pareça bom no papel geralmente não leva ninguém a se apaixonar profundamente. Da mesma forma, mesmo que certamente haja requisitos para professores espirituais – por exemplo, que eles compreendam profundamente os ensinamentos e que sempre tenham o interesse do discípulo em mente – você precisa mais que ticar uma lista para descobrir uma conexão profunda de coração.

Assim como as pessoas se apaixonam de diversas maneiras, há tantas quantas de encontrar e formar um laço com um professor espiritual. A história de como criei uma relação com Trungpa Rinpoche mostra que não há uma fórmula de como isso acontece. Pessoalmente, houve uma ressonância com Rinpoche, mas o que eu sentia em sua presença não correspondia exatamente ao que achava que deveria sentir diante do "meu mestre". Alguns textos falam de ficar de cabelo em pé e de lágrimas rolarem pelas faces. Isso não me aconteceu. Em parte porque eu o achei muito intimidador. Muitas vezes questionei se ele realmente era o professor para mim.

Certa feita, Trungpa Rinpoche trouxe S.S. o 16º *Karma*pa aos Estados Unidos. Vi Sua Santidade sentado no trono – um homem grande, vestindo roupas de brocado, grandioso e inspirando reverência. As lágrimas rolaram pelas minhas faces, tive a sensação de estar pegando fogo, a coisa toda. Depois, pedi para entrevistá-lo. Sua presença era profunda, mas quando lhe fiz uma pergunta tipicamente ocidental, ele usou como resposta um trecho de um texto tradicional que não entendi. Trungpa Rinpoche, por outro lado, foi muito habilidoso ao lidar com minha mente ocidental. Ele percebeu quem eu era, onde eu estava empacada e deu um jeito incrível de chegar ao cerne da questão, penetrando nas minhas neuroses com suas respostas. Pensei: "E agora?". Este consegue responder minhas dúvidas, mas não faz as lágrimas rolarem. Com o outro as lágrimas acontecem, mas não entendo suas respostas. O que devo fazer?

Como eu estava morando em Boulder, Colorado, onde Trungpa Rinpoche também morava, era natural que eu fizesse parte de sua *sangha* e que fizesse as práticas que ele nos passava. No entanto, eu ainda hesitava em me comprometer totalmente como sua discípula; então decidi conhecê-lo melhor. Cada discípulo tem suas próprias necessidades, mas para mim era importante ver como meu professor era, não apenas num estrado diante de uma plateia, mas num nível mais comum, cotidiano.

Era preciso achar uma maneira de fazer isso acontecer. Finalmente, acabei responsável por cuidar dos altares dele. Havia um na saleta do quarto e outro no andar de baixo, e foi o próprio Rinpoche que me mostrou como cuidar deles. Quando o vi tomando o café da manhã, ainda o achei tão apavorante e intimidador quanto achava nas aulas, ensinando, mas também vi coisas a seu respeito que me fizeram ficar apaixonada e confiar completamente nele. Era nítido que ele tentava de tudo para despertar as pessoas e que nunca desistia de ninguém. Era nítido que estava comprometido com a iluminação de todos, que isso era a única coisa que lhe interessava. Eu via o quanto o seu amor pelos discípulos era abnegado. Observando tudo isso, acabei superando todas as minhas dúvidas e hesitações. Esta é a história da minha jornada pessoal para me conectar com meu professor através do coração.

O verso de Thogme Zangpo diz que "suas deficiências se dissolvem", mas na minha experiência, quando você trabalha com um professor, suas deficiências parecem se salientar. É como se tivesse espinhas por todo o rosto, mas nunca havia notado porque não tinha um espelho. Não é que meus professores pretendessem me criticar, mas o efeito espelho que produziam deixava tudo claro para mim. E, como você admira seu professor, quer parecer especialmente bem diante dele, quer ter menos espinhas em sua presença. Mas depois de um tempo percebe que não adianta tentar parecer bem e simplesmente desiste dessa tática. Aparece como é. Então percebe que o tempo todo era isso que o professor o vinha incentivando a fazer: não esconder nada e vir como você é.

Um professor espiritual precisa conquistar sua confiança. Todos os ensinamentos tradicionais recomendam que eles sejam examinados com cuidado e que você use o máximo de sua capacidade para determinar que a única motivação dele é ajudá-lo a despertar. Depois disso, ele só poderá ajudar se você confiar nele. Então ele poderá fazer coisas maravilhosas, como levá-lo diretamente a uma experiência de vazio. No Vajrayana, o professor dá "instruções" que o conduzem à experiência da "mente em si", da consciência manifesta, algo que todos têm mas geralmente não conseguem reconhecer. Pode ser uma experiência semelhante ao que acontece numa sala lotada de pessoas que batem nas coxas ao mesmo tempo, mas é especialmente poderosa na presença de um professor. Os professores usam várias maneiras de interromper sua mente para que você experimente um hiato maior de pensamentos e processo rotulador. Nesse espaço, surgem muitos *insights* sobre a verdadeira natureza das coisas e você consegue ver o quanto está geralmente preso aos seus padrões mentais habituais.

Quando estou com meus professores, consigo sentir minha própria consciência manifesta simplesmente por estar em sua presença. Isso pode acontecer até quando penso neles ou visualizo seus rostos. Como eles residem naquele vasto espaço vazio além dos pensamentos e dos rótulos, quando me abro para eles é possível estar naquele espaço em sua companhia. Eu os acompanho naquela atmosfera sagrada e compassiva, que não é deles nem minha.

Lembro-me de uma vez estar esperando para ter uma entrevista com Trungpa Rinpoche. Estava do lado de fora da sala dele, em lágrimas, completamente transtornada. Mas, quando entrei e me sentei a sua frente, penetrei naquele espaço ilimitado de consciência que ele sempre habita. Foi tão repentino que me flagrei tentando desesperadamente trazer as lágrimas de volta para poder convencê-lo do quanto tudo era terrível. Finalmente, quando dei um jeito de ficar transtornada de novo, ele bocejou e olhou pela janela! Aquilo foi realmente doloroso, mas interrompeu minha mente. Todas as minhas propensões estavam fortemente presentes, mas com todo aquele espaço não tinham onde ficar presas. É bem como Trungpa Rinpoche dizia: "Quando sua mente é grande, os pensamentos são como mosquitos, zunindo por ali sem ter onde pousar".

Em muitas situações, no entanto, não há como se aproximar de um mestre como aconteceu comigo e Trungpa Rinpoche. O professor pode morar longe ou ter tantos discípulos que nem conhece as suas peculiaridades individuais – às vezes nem o seu nome. As pessoas sempre cogitam se essas circunstâncias possibilitam o benefício desse tipo de relação mestre-discípulo. Será que estão longe demais do fogo do mestre para receber o calor?

Eu sinto que não importa o grau de contato que você tem com um professor genuíno; se levar para o coração o que ele estiver ensinando, talvez baste para transformar toda sua vida num caminho de despertar. Se o que o professor diz ecoa realmente verdadeiro, você começará a encontrar oportunidades de prática em todo canto. Derramei tinta no meu casaco favorito – oportunidade de prática. As atitudes dos outros discípulos me deixam furioso e sou muito crítico e dado a desgostar – oportunidade de prática.

Tenho uma amiga que tem uma forte fobia de espaços confinados. Sem saber disso, um colega pediu-lhe que o ajudasse a limpar a cisterna do centro de retiro. Isso significava descer num pequeno espaço escuro e limpar as paredes viscosas da cisterna. Naturalmente, ela disse: "De jeito nenhum" e explicou sua fobia. Depois de meia hora, porém, essa mulher corajosa decidiu que queria encarar seus medos em vez de fugir deles e concordou em ir com dois colegas para aquele espaço confinado e escuro. Não foi confortável, mas ela conseguiu trabalhar com alguns de seus medos mais antigos. Desde então, sempre que surgem os medos, ela se refere àquilo como "uma chance de prática na cisterna", uma chance de levar os ensinamentos a sério e aplicá-los.

Todos os desafios apresentam uma oportunidade para crescimento espiritual, seja uma pequena irritação, seja quando tudo como era conhecido se desfaz. Talvez o desafio máximo para qualquer discípulo seja descobrir que seu mestre traiu sua confiança. Isso ocorre com frequência em comunidades espirituais. Aparentemente do nada, o aspecto demasiadamente humano do professor é revelado em todos os seus detalhes desagradáveis. Você estava começando a gostar desse professor ou já havia desenvolvido um profundo amor e respeito por ele e de repente seu mundo vira de cabeça para baixo. Como é comum dizer, o "lado sombrio" do nosso mestre se revelou.

E aí? Você se prende ao "será que ele não tem o direito de errar"? Ou vai para o outro extremo e o rejeita completamente?

A decisão de deixar a comunidade espiritual e o mestre é muito difícil e pessoal. Mas o mais importante para mim é a decisão entre fechar coração e mente ou ficar aberto e vulnerável. Muitas pessoas abandonaram seus professores devido a comportamentos que elas não podiam tolerar, mas ao mesmo tempo sempre se lembravam da bondade deles e continuavam a apreciar o que eles lhes ensinaram.

Como manter a mente sem fixações e a ternura no coração nessas fases torna-se um *koan* do discípulo. Você pode achar que esse se torna o maior ensinamento da sua vida ou que é hora de partir. Em qualquer dos casos, o verdadeiro desafio é manter a mente bem clara, para reconhecer que o dano foi cometido, e bem aberta, para permitir que uma pessoa – qualquer uma – aprenda com seus erros e evolua. Nós geralmente queremos resultados nítidos e conclusões certas ou erradas. Mas, quando deixamos que a vida se desenrole sem nossos julgamentos de valor, ela pode dar reviravoltas surpreendentes e inesperadas, além de sempre nos ensinar muito.

Mas será possível reunir "Não tolero esse comportamento" ou "Sinto-me traída e estou com raiva" com "Amo e me preocupo com essa pessoa"? É uma pergunta importante. Assemelha-se a quando um amigo íntimo ou um familiar querido comete algum ato abominável. Às vezes, nos viramos contra ele e não queremos saber mais nada a respeito. No entanto, um número surpreendente de pessoas dá um jeito de não tolerar o ocorrido mas, ao mesmo tempo, de não deixar de amar. Lembro de Trungpa Rinpoche dizendo que não importa o que uma pessoa fez, devemos sempre deixar a porta aberta. Sem dúvida, é uma prática difícil. Exige uma saída radical da zona de conforto. Exige o desenvolvimento da capacidade de experimentar o aprendizado profundo, o crescimento fornecido pela zona de desafio e ser transformado por isso.

Não é fácil para ninguém abraçar um *koan* dessa magnitude e não me surpreenderia saber que isso simplesmente não é uma opção para você, pelo menos por agora. Fazer o quê então? Descobri que a forma mais sadia de seguir em frente é simplesmente reconhecer onde você está, sem culpa nem arrogância, tomar qualquer decisão necessária e ir em frente com sua vida. Mas, enquanto segue adiante, você também pode aspirar a não deixar que essa experiência estreite sua mente ou endureça seu coração. Pode aspirar a que ela aprofunde seu comprometimento com a autorreflexão e a ternura. Nesse caso, onde quer que você vá, seu aprendizado irá continuar.

O professor ajuda-o a despertar, espelhando suas deficiências e bondade inata. Ele lhe mostra tanto as neuroses que você não queria encarar quanto o potencial que nem sabia existir. Mas, uma vez que você começou a se familiarizar com esses aspectos da sua mente e adquiriu o gosto por uma visão cada vez mais ampla, o mundo inteiro se abre como professor. Isso se chama "encontrar o mestre universal", ter o mundo fenomenal como mestre.

Vinte

Missão impossível

Em vez de encarar o trabalho que temos à frente como inútil ou deprimente, podemos ver sua infinitude como fonte contínua de inspiração.

Quando dou palestras públicas, às vezes gosto de iniciar pedindo que todos recitem comigo os seguintes versos tradicionais:

"Que o *bodhichitta*, precioso e sublime,
Aflore onde ainda não veio a ser;
E onde aflorou, que nunca decaia,
Mas cresça e floresça ainda mais."

Estes versos resumem todo o caminho do *bodhisattva*, a jornada que fazemos para despertar coração e mente, podendo assim beneficiar cada vez mais o próximo.

Os dois primeiros versos referem-se ao tempo anterior à nossa apresentação à ideia de *bodhichitta*, à aspiração e comprometimento de despertar para o benefício do próximo. Mas ninguém começa realmente do zero. *Bodhichitta* baseia-se no amor e na compaixão, algo que todos temos no coração. Algumas pessoas, especialmente quando tiveram relacionamentos traumáticos ou muito difíceis com familiares, têm a ideia de que não amam mais. Mas sempre haverá alguém – se não uma pessoa, pelo menos um gato ou cachorro. Todos temos pelo menos uma centelha de *bodhichitta*. Como Trungpa Rinpoche gostava de dizer: "Todo mundo ama alguma coisa, nem que sejam apenas tortilhas".

O terceiro verso incentiva a valorizar qualquer centelha de *bodhichitta* que se tenha, a protegê-la e cuidá-la para que não diminua. É como quando se veem as primeiras flores surgindo na primavera – você sente carinho por elas e quer que vicejem, então procura não pisar nelas e tenta impedir que os animais as mastiguem. No caso de *bodhichitta*, nesse estágio inicial devemos protegê-lo dos nossos hábitos, como tendências a polarizar ou a focar demais em nós mesmos à custa do outro.

Além de proteger nosso *bodhichitta*, devemos fazer o possível para ajudá-lo a crescer, o que não acontece por conta própria, requer esforço. Dizem que deveríamos agarrar *bodhichitta* como um cego num deserto agarraria o rabo de uma vaca. Imagine-se cego, perdido num deserto e desesperado de sede. Se ouvisse uma vaca andando por ali, perceberia que ela poderia levá-lo a uma fonte de água; então a coisa mais esperta a fazer seria agarrar seu rabo e nunca soltar. Essa analogia também nos dá a noção da importância de *bodhichitta*. Morrendo de sede, você não ficaria pensando: "Seria bem legal conseguir um copo de água". Não! Todos os seus pensamentos estariam concentrados em achar água. Você pensaria em qualquer um ou qualquer coisa que encontrasse – mesmo uma vaca – como um jeito potencial de conseguir água.

De modo semelhante, à medida que nos familiarizamos com nosso sofrimento e vamos descobrindo que a vulnerabilidade, o desconforto, a confusão que sentimos, todo mundo também sente, ficamos com uma imensa vontade de despertar, em vez de continuar adormecidos. Por fim, esse despertar para o bem do outro torna-se o interesse principal da vida. Quando ficamos assim, totalmente preocupados com *bodhichitta*, somos capazes de usar qualquer situação para despertar.

A princípio, requer muito esforço ir adiante no caminho do despertar. Grande parte desse esforço é perceber o momento em que algo se desencadeou no seu interior, ou quando você está agitado, e então agir de modo diferente de sua reação costumeira. Reação essa que pode ser física, verbal, ou mergulhar num enredo convincente sobre o que aquela pessoa fez, ou de como sou inferior, ou de como tudo é terrível ou o quanto as coisas seriam melhores se apenas... (complete a lacuna).

Em vez de reagir dessas formas habituais, talvez seja necessário fazer coisas que parecem um pouco artificiais. Por exemplo, alguém o olha de maneira tal que produz em você a autoimagem crônica de ser magoado. Nesse ponto, em vez de ficar com raiva ou desanimado, você poderia contrariar seu hábito e pensar consigo mesmo: "Que eu e todas as pessoas que sentem essa inadequação consigam se livrar disso". Esta ideia pode ficar ainda maior: "Que esse encontro difícil seja a semente para o meu despertar e o de todos que se sentem inadequados, assim como para o despertar de todos os demais". Isso pode soar um pouco falso, mas assemelha-se a fortalecer um músculo que você não usa muito. É como correr. Se você tem o desejo e o comprometimento de entrar em forma, a princípio é provável que tenha que fazer um esforço para calçar os tênis e ir para a pista. Terá que ir, mesmo quando não tiver vontade. Por fim, sem que você sequer perceba de como mudou, correr se torna natural. Você descobre que seu desejo de correr é muito maior do que o de não correr.

À medida que fortalece seus músculos de *bodhichitta*, sua atitude em relação às adversidades muda. Sempre que algo desagradável ou indesejável acontece, você ainda pode não gostar, mas vê naquilo uma oportunidade de mudar algo na mente e no coração. Essa guinada muda sua vida. Mas não é como um acontecimento único que acontece numa hora determinada, tipo segunda-feira ao meio-dia. É uma transformação que aos poucos se apossa de você.

Shantideva compara *bodhichitta* a uma árvore realizadora de desejos que nunca cessa de dar frutos e uma bananeira que produz frutos uma única vez e morre. A bananeira é como uma boa ação comum. Seu amigo está com dor de cabeça e você lhe dá um analgésico. Você presta um bom serviço, que tem um bom resultado, mas acaba aí. Sua intenção se limita a realizar uma ação para uma pessoa em certo momento. Com *bodhichitta*, no entanto, tudo que você faz torna-se parte de uma intenção muito mais vasta. Você ainda dá o analgésico para seu amigo, mas essa boa ação faz parte de um desejo muito maior de que seu amigo acabe despertando do sofrimento e da confusão para sempre. E esse desejo faz parte de outro ainda maior – ajudar todos os seres sencientes, sem uma única exceção, a despertar completamente.

O desejo final do *bodhisattva* é tão vasto e abrangente que muitas vezes é considerado "missão impossível". Em primeiro lugar, para realizar tal desejo, é preciso chegar a um acordo com a cláusula "sem exceções". É fácil fazer uma lista de pessoas que *devem* ser exceções, como ditadores implacáveis, pessoas que tiram prazer da crueldade com animais ou qualquer uma que tenha feito coisas terríveis a nós ou aos nossos. Essas pessoas, intituladas como "maléficas", parecem gostar do sofrimento alheio. Mas imagine se Adolf Hitler tivesse despertado totalmente e se livrado do sofrimento. Será que teria feito o que fez? Será que alguém prejudicaria propositadamente o outro, se fosse capaz de manter a crueza da vulnerabilidade no coração em vez de reagir de forma ignorante a partir da própria dor emocional? Ao nos fazermos essas perguntas, percebemos o sentido que faz não ter nenhuma exceção em nossas aspirações de *bodhichitta*.

Também podemos nos sentir arrasados ou desencorajados, quando pensamos nas inúmeras pessoas e animais que precisam desesperadamente de ajuda. Ao compararmos isso com o que podemos de fato fazer para aliviar todo esse sofrimento, pode parecer quase inútil tentar. Falamos em atingir a iluminação para libertar todos os seres do sofrimento, mas será que realmente há um fim para o sofrimento?

Roshi Bernie Glassman, que passou décadas trabalhando com pessoas sem teto em Yonkers, Nova York, disse: "Não creio que realmente vá haver um fim para essa situação dos moradores de rua, mas vou à luta todos os dias, como se fosse possível. E então trabalho indivíduo a indivíduo". Essa também era a abordagem da Madre Teresa. Ela sabia que não poderia acabar com toda a pobreza de Calcutá, mas via que podia ajudar muitos moribundos a se sentirem amados; então ela e seu pessoal trabalhavam todos os dias, e sua organização não parou de crescer.

A missão impossível de *bodhichitta* é como amor não correspondido. É como a história de Romeu e Julieta, que não podiam ficar juntos, mas cujo amor continuou crescendo apesar de nunca poder ser satisfeito. O desejo de ajudar todos os seres a despertar pode nos tirar de nós mesmos cada vez mais, até entrarmos na esfera da vastidão da mente e do coração. Por fim, iremos perceber que o potencial total da nossa mente é muito mais vasto do que a nossa percepção de baixa tecnologia atual consegue ver. E que o que podemos fazer pelos outros – mesmo que não seja tudo – é igualmente vasto. Em vez de encarar o trabalho que temos à frente como inútil ou deprimente, podemos ver sua infinitude como fonte contínua de inspiração – uma oportunidade infinita para que nosso precioso *bodhichitta* "cresça e floresça ainda mais".

MISSÃO IMPOSSÍVEL

Hoje em dia, muitas pessoas ficam ansiosas e melancólicas ao olharem em volta ou lerem as notícias. Isso é natural e compreensível, mas ao mesmo tempo é importante encontrar maneiras de cultivar o otimismo. Uma aspiração que costumo recitar diz: "Serei otimista e corajosa em relação ao futuro da humanidade". Sem algum senso de otimismo, é fácil cair numa atitude passiva ou derrotista. Por que fazer qualquer coisa para melhorar o futuro se, de qualquer maneira, não há esperança? Mas, segundo os ensinamentos sobre *karma*, o futuro não está escrito. O que fazemos agora importa sim, não apenas para nós mesmos, mas para todos que fazem parte desta rede interligada chamada Mãe Terra. Até sorrir para alguém uma vez pode ter um tremendo efeito reverberante que vai se espalhando, quem sabe a que distâncias? Se esse for o caso, então pense no quanto podemos afetar o mundo treinando entusiasticamente para abrir o coração e a mente todos os dias.

Mas, ao mesmo tempo que mantemos o otimismo, é também importante ser realista. Embora muitas pessoas se engajem numa corrente contínua de ações positivas, as ações de muitas outras costumam ser produto de confusão, medo e interesse próprio. Algumas estão plantando uma maioria de sementes positivas para o futuro, outras uma maioria de negativas e a maior parte está plantando ambas. Não sabemos de fato aonde tudo isso vai dar. Se nossa ideia a respeito de ser otimista é pensar e falar de modo ingenuamente positivo sobre o que o futuro trará, isso pode levar a muito desânimo, quando virmos o verdadeiro desenrolar das coisas.

Na África do Sul, as pessoas que haviam sofrido sob o *apartheid* ficaram incrivelmente inspiradas quando Nelson Mandela se tornou presidente e, depois, quando a Comissão da Verdade e da Reconciliação foi instituída. Contudo, muitos daqueles que achavam que as coisas iriam continuar nesse espírito tornaram-se cínicos, à medida que o passo da transformação diminuiu e corrupção e sofrimento aumentaram. Ao verem o progresso diminuir ou até reverter, muitas pessoas que trabalhavam para ajudar o próximo, na África do Sul e em outros lugares, desabaram e se exauriram. Por outro lado, ainda há muitas pessoas desempenhando esses papéis que continuam inspiradas e trabalhando corajosamente, sem se importar com os resultados imediatos.

Trungpa Rinpoche tinha uma intuição muito forte sobre o futuro e o que via não era nada bonito – desastres naturais, crises econômicas e crescentes desconfortos físicos e mentais. Ele sabia que isso poderia trazer tanto o pior quanto o melhor das pessoas. Algumas, devido ao medo legítimo de não ter o suficiente ou de perder o que tivessem, se tornariam mesquinhas e egoístas. Mas também haveria aquelas que se mostrariam à altura da ocasião e ajudariam o próximo a atravessar as adversidades. Ele dizia que a nós cabia decidir como queríamos encontrar o futuro.

Podemos começar a nos preparar para o futuro fazendo algumas perguntas. O que farei e como serei quando ocorrerem eventos indesejados? Serei capaz de manter a mente estável e o coração gentil para que eu possa acomodar seja qual for a dor que surgir e assim beneficiar a mim mesmo e a sociedade, ao invés de ser um obstáculo? Como irei reagir à doença, a perdas devastadoras, a insultos e desrespeito? E quando as coisas piorarem no meio ambiente ou na política? Vou pirar e ter um ataque de ódio, medo ou autocondenação? Ou minha prática me permitirá ficar com o que estou sentindo e proceder de maneira sadia e humana? A adversidade trará à tona minhas qualidades mais rasteiras ou as melhores?

Tendo nos feito esse tipo de perguntas, começamos a usar o que surge em nossa vida atual como preparação para o futuro. A partir daí, treinamos para ficar abertos e compassivos em qualquer circunstância difícil que aparecer. Depois, se chegarmos ao ponto em que as dificuldades extraem o melhor de nós, seremos muito úteis àqueles cujas dificuldades extraem o pior. Mesmo que em número reduzido, se as pessoas se tornarem guerreiras pacíficas dessa maneira, esse grupo será capaz de ajudar muitos outros apenas pelo exemplo.

Dzigar Kongtrul Rinpoche é defensor desse tipo de realismo corajoso e prático. Ele estimula as pessoas a praticar para serem "*bodhisattvas* modernos". Seus discípulos chegaram a projetar um boné com as iniciais do movimento, como inspiração para si e para os outros andarem pelo mundo com um coração altruísta e resiliente. Este trabalho baseia-se no processo de conhecer as coisas como elas realmente são e de nos conduzirmos corajosa e criativamente de acordo com esse modelo.

S.S. o Dalai Lama diz: "Quando o velho finge ser jovem e o tolo finge ser inteligente, é melhor ser realista". Sua Santidade vem trabalhando no desenvolvimento de programas que levem compaixão e empatia à educação das crianças mundo afora. Ele vê como quase todo sofrimento e caos no mundo são causados pela mentalidade "nós e eles". É o que está por trás de todos os "ismos" que promovem grande parte da violência desenfreada, insensibilidade e falso moralismo atual. "A compaixão não é um negócio religioso" diz ele. "É importante saber que é um negócio humano. É uma questão de sobrevivência humana". Ou seja, ao aprender sobre espiritualidade e meditação, há mais em jogo do que somente tentar se sentir bem consigo ou conseguir relaxar melhor. Substituir "nós e eles" por um sentimento de semelhança e interligação universal está se tornando uma exigência prática para sobreviver.

Podemos ser realistas e otimistas ao mesmo tempo porque, em última análise, a visão do *dharma* é encorajadora e reafirma a vida. O Buda ensinou que todos os seres têm o potencial de despertar completamente e que, no fim, todos nós chegaremos lá.

ACOLHER O INDESEJÁVEL

Ele e muitos outros sábios deste mundo nos deram ferramentas para pegar qualquer coisa que aconteça em nossas vidas e usá-la para cultivar nossa bondade inata e ficarmos cada vez mais capazes de nos disponibilizarmos para o próximo. Qualquer coisa que o futuro traga – desejável ou indesejável – podemos usar em nosso caminho para o despertar. Para mim, esse é o melhor tipo de otimismo. À medida que continuamos nos abrindo para nosso potencial de *bodhisattvas*, partiremos da visão minúscula que temos de nós mesmos e do nosso mundo para descobrir uma capacidade ilimitada de cuidar e beneficiar nossos companheiros, os seres vivos.

PRÁTICAS PARA
ACOLHER
O INDESEJÁVEL

Meditação sentada[3]

A técnica da meditação sentada chamada *shamatha-vipashyana* ("*insight* da tranquilidade") é como uma chave de ouro que nos ajuda no autoconhecimento. Nessa meditação, nos sentamos com as costas eretas, pernas cruzadas e olhos abertos levemente abaixados, as mãos sobre as coxas. Prestamos atenção à expiração apenas. Requer precisão ficar com aquela respiração. Por outro lado, é extremamente relaxado e suave. Dizer "fique lá com a respiração enquanto expira" é o mesmo que dizer "esteja totalmente presente". Fique bem ali com qualquer coisa que esteja acontecendo. Ficando conscientes da expiração, podemos também ficar conscientes de outras coisas que estejam acontecendo – os sons da rua, a luz nas paredes. Essas coisas podem capturar levemente nossa atenção, mas não precisam nos distrair. Podemos continuar lá sentados, conscientes da expiração.

Mas ficar com a respiração é apenas parte da técnica. A outra são esses pensamentos que passam pela mente sem parar. Sentamos ali, conversando com nós mesmos. A instrução é: ao perceber que estava pensando, rotule "pensando". Quando a mente se

---

3 O texto da "Meditação sentada" apareceu originalmente em *Start Where You Are: A Guide to Compassionate Living*, ©1994 Pema Chödrön.
Publicado no Brasil pela Editora Sextante sob o título *Comece onde você está: um guia para despertar nosso autêntico coração compassivo*. (N. da T.)

distrai, você diz a si mesmo: "Pensando". Sejam seus pensamentos violentos, apaixonados ou cheios de ignorância e negação; sejam eles preocupados ou temerosos; sejam pensamentos espirituais, pensamentos agradáveis sobre como você está indo bem, pensamentos reconfortantes, edificantes – seja o que forem, sem julgamento ou aspereza, simplesmente rotule tudo como "pensando" e faça isso com honestidade e gentileza.

O pouso na respiração é leve: apenas 25 por cento da consciência estão na respiração. Você não se agarra nem se fixa nela. Você está se abrindo, deixando que a respiração se misture ao espaço da sala, que simplesmente saia para o espaço. Então vem uma espécie de pausa, o espaço até a próxima expiração. Enquanto inspira, que haja certa noção de estar só se abrindo e aguardando. É como apertar a campainha e esperar que venham atender. Depois você aperta a campainha de novo e espera que venham atender. Então é provável que sua mente se distraia e você perceba que está pensando outra vez – nesse ponto use a técnica de rotular.

A fidelidade à técnica é importante. Se notar que seu rotular tem um tom duro, negativo, como se você estivesse dizendo "droga!", se notar que está dificultando as coisas para si mesmo, diga "pensando" novamente e alivie a situação. A intenção não é abater os pensamentos como se fossem alvos flutuantes para tiro. Ao contrário, seja gentil. Use a parte da rotulação dessa técnica como oportunidade de desenvolver suavidade e compaixão para consigo mesmo. Qualquer coisa que aflore é aceitável na arena da meditação. Ali você pode vê-la com honestidade e fazer amizade com ela.

Embora seja constrangedor e doloroso, é muito curativo parar de se esconder de si mesmo. Faz bem conhecer todas as suas formas de dissimulação, seus modos de ocultar, criticar as pessoas, bloquear, negar, isolar-se, todos os seus jeitinhos esquisitos.

MEDITAÇÃO SENTADA

Você pode passar a conhecer tudo isso com senso de humor e gentileza. Conhecendo a si mesmo, você está conhecendo toda a humanidade. Somos todos contra esses modos, estamos todos juntos nessa. Ao meditar, quando perceber que está conversando consigo, rotule "pensando" e note o tom de sua voz interna. Que seja compassivo, suave e bem-humorado. Assim, você estará mudando velhos padrões emperrados, compartilhados por toda a raça humana. A compaixão pelos outros começa com a gentileza para conosco.

A prática de tonglen[4]

A prática de *tonglen* é um método que visa estabelecer uma conexão com o sofrimento – o nosso e o que nos rodeia, aonde quer que se vá. É um método que nos leva a superar nosso medo da dor e a dissolver a impermeabilidade do coração. Basicamente, trata de despertar a compaixão que é inerente a todos nós, não importa o quanto possamos parecer cruéis ou frios.

Iniciamos essa prática assumindo a dor de alguém, que sabemos estar em sofrimento e desejamos ajudar. Se sabemos de uma criança que sofre, por exemplo, inspiramos essa dor, desejando que ela se liberte totalmente do pesar e do medo. Ao expirarmos, enviamos felicidade, alegria ou qualquer coisa que lhe traga alívio. Essa é a essência da prática: inspirar a dor do outro para que ele se sinta bem e tenha mais espaço para relaxar e se abrir; e expirar, enviando-lhe relaxamento ou aquilo que possivelmente lhe traga alívio e felicidade.

Mas muitas vezes não conseguimos realizar essa prática, porque nos deparamos com nosso próprio medo, nossa resistência, raiva ou qualquer sofrimento pessoal que esteja presente.

---

[4] Este texto, "A prática de tonglen", é adaptado de *When Things Fall Apart: Heart Advide for Difficult Times* ©1997 de Pema Chödrön.
Publicado no Brasil pela Editora Gryphus sob o título *Quando tudo se desfaz – orientação para tempos difíceis*. (N. da T.)

Nesse ponto, podemos mudar o foco e começar a praticar *tonglen* por aquilo que estamos sentindo e por milhões de pessoas que, como nós, naquele exato momento, sentem precisamente a mesma impotência e angústia. Talvez sejamos capazes de dar um nome à nossa dor. Reconhecemos claramente o pavor, a repulsa, a raiva ou o desejo de vingança. Então, inspiramos por todos aqueles que estão dominados pelas mesmas emoções e enviamos alívio ou qualquer sensação que proporcione espaço para nós mesmos e para essas inúmeras pessoas. Às vezes, não conseguimos nomear o que sentimos. De toda forma, sentimos – um nó no estômago, uma opressão, seja o que for. Então, simplesmente entramos em contato com aquilo e inspiramos o sentimento, trazendo-o *para dentro* de nós e fazendo isso por todos. Em seguida enviamos alívio *para fora*.

É comum dizerem que essa prática contraria o que geralmente nos mantém coesos. De fato, ela realmente se opõe à nossa tendência de querer tudo do nosso jeito, de desejar que tudo dê certo para nós, independente do que aconteça aos outros. Essa prática desfaz os muros que construímos em volta do coração, desfaz as camadas de autoproteção que lutamos tanto para criar. Na linguagem budista, dir-se-ia que dissolve a fixação e o apego ao ego.

A prática de *tonglen* reverte a lógica usual de evitar o sofrimento e buscar o prazer. No processo, nós nos libertamos de padrões muitos antigos de egoísmo. Começamos a sentir amor, tanto por nós mesmos quanto pelos demais: passamos a cuidar de nós mesmos e dos outros. *Tonglen* desperta nossa compaixão e nos apresenta a uma visão muito mais ampla da realidade. A princípio, isso nos permite experimentar as coisas sem que pareçam tão importantes ou sólidas como pareciam. Começamos a nos conectar com a dimensão aberta do nosso ser. Com a prática, nos familiarizamos com a amplidão ilimitada de *shunyata*.

A prática de *tonglen* pode ser feita pelos doentes, moribundos ou pelos mortos, por todos aqueles que estejam sofrendo algum tipo de dor. O *tonglen* pode ser praticado como uma meditação formal ou em qualquer lugar e a qualquer momento. Estamos passando e vemos alguém em sofrimento – bem ali, começamos a inspirar essa dor e a expirar alívio. Ou então, ao ver alguém sofrendo, podemos desviar o olhar. Esse sofrimento desperta nosso medo ou raiva, nossa resistência e confusão. Portanto, bem ali, podemos praticar *tonglen* por todas as pessoas que, assim como nós, desejam ser compassivas, mas têm medo – que desejam ser corajosas, mas são covardes. Em vez de nos punirmos, podemos usar nossos próprios entraves como degrau para compreender o que as outras pessoas estão enfrentando pelo mundo afora. Inspire por todos nós e expire por todos nós. Use o que parece veneno como remédio. Podemos utilizar nosso sofrimento pessoal como caminho em direção à compaixão por todos os seres.

Quando praticar *tonglen* ao se deparar com o sofrimento, simplesmente inspire e expire, recebendo a dor e enviando amplidão e alívio.

Quando praticar *tonglen* como meditação formal, a prática tem quatro estágios:

Em primeiro lugar, repouse a mente por um ou dois segundos, em um estado de abertura ou quietude. Este estágio é tradicionalmente chamado de "lampejo do *bodhichitta* absoluto", ou de súbita abertura à amplidão e clareza fundamentais. Isso significa um momento sem a mente fixa – um momento completamente aberto, fresco, antes que o pensar e o conceito tendencioso se instalem.

Se lhe for difícil entrar em contato com essa abertura, relembre uma imagem de vastidão que experimentou na vida. Visualize-se numa praia, olhando para o vasto oceano, ou no alto de uma montanha sob a imensidão do céu, com uma vista extensa de muitos quilômetros. Ou toque um gongo e através desse som conecte-se a essa mente fresca, tranquila, livre de fixação. Seja o que for que precise fazer, o ponto é se conectar a um lugar onde haja mente e coração abertos, que é o pano de fundo para o resto da prática.

Em segundo lugar, trabalhe com textura. Ao inspirar, traga para dentro uma sensação de calor, escuridão e peso. Esta é a textura e a qualidade claustrofóbica da mente rigidamente fixa. De algum modo, visualize ou experimente esse desconforto e inspire-o profundamente, por todos os poros. Algumas pessoas podem se utilizar de cores e imagens. Uma imagem tradicional é a fumaça preta. Outras inspiram o vermelho porque ele representa calor; outras visualizam uma viscosidade verde. Faça qualquer coisa que lhe desperte a sensação de estar inalando esses sentimentos desconfortáveis, normalmente evitados.

Quando expirar, envie uma sensação de frescor, luminosa, arejada. Novamente, use qualquer imagem que ajude, como o frescor do azul ou a luminosidade do branco. Irradie esse frescor num giro de 360 graus, por todos os poros. Que seja uma experiência completa. Continue inspirando e expirando essas texturas por algum tempo. Não pare até que elas fiquem sincronizadas com sua respiração.

No terceiro estágio, conecte-se a uma situação pessoal que lhe seja dolorosa. Se sua mãe idosa, por exemplo, estiver passando por dificuldades, inspire seu sofrimento, desejando que ela se livre de qualquer dor. Com a expiração, envie felicidade, amplidão ou o que achar que irá beneficiá-la. Ou pense num animal que você sabe que está passando por uma situação cruel, abusiva. Na inspiração, receba a dor daquela experiência e na expiração imagine o animal livre e feliz.

Neste estágio, use qualquer coisa que naturalmente o emocione, qualquer situação que seja pessoal e real. Entretanto, como já mencionei, se estiver impedido de prosseguir, realize a prática pela dor que está sentindo e, simultaneamente, por todos que, como você, estejam passando pelo mesmo tipo de sofrimento. Por exemplo, se estiver se sentindo incapaz, inspire essa sensação, por si mesmo e por todos que estejam no mesmo barco, e exale confiança e capacidade ou alívio, da forma que desejar.

Finalmente, no quarto estágio, expandimos a situação específica e tornamos nosso receber e enviar mais abrangente. O terceiro e quarto estágios equilibram-se mutuamente. Com um excesso de generalização, você não tocará de fato o coração mas, sendo muito específico, pode ficar imobilizado, oprimido ou demasiadamente ensimesmado com uma situação.

Se você começou a praticar *tonglen* para sua mãe, estenda o processo a todas as pessoas que estiverem naquela situação, ou aos idosos em geral. Se estiver pensando num animal que sofre abuso, faça o mesmo por todos os animais que sofrem abuso ou alguma forma de dor. Mas, se essas contemplações começarem a ficar muito generalizadas ou abstratas, retorne ao caso especifico que lhe é mais pessoal.

Se você começou por sua própria experiência de sofrimento, como um sentimento de incapacidade, expanda essa contemplação. Pratique *tonglen* pelas pessoas próximas que também se sentem incapazes e depois vá ampliando, universalizando esse sentimento. Quando começar a ficar distante demais, retorne a sua própria sensação de ser incapaz. Sinta seu gosto, seu cheiro, experimente-a de fato – e depois volte a universalizá-la.

Outra maneira de passar do estágio três para o quatro é expandir o foco daqueles com quem você facilmente se importa para os que estão mais distantes do centro de suas atenções. Depois de fazer *tonglen* por alguém próximo, tente praticar por um estranho, sobre quem você nada sabe e que não lhe provoque fortes sentimentos positivos nem negativos. Inspire com o desejo de que ele se liberte de qualquer dor que possa ter, que se liberte da mente fixa. Depois, exale sentimentos de paz e alegria, enviando-lhe especialmente a amplidão e tranquilidade de coração e mente fundamentalmente abertos que ele tem.

A partir daí, tente expandir seu coração para além do que atualmente parece possível. Pense em alguém que considera difícil. Não escolha de imediato a pessoa que mais o amedronta. Pense, talvez, em alguém que o irrite. Evoque mentalmente seu rosto e seu nome – qualquer coisa que aproxime a pessoa. Então, faça *tonglen* por ela. E, à medida que sua capacidade aumenta, tente a prática por aqueles que o desafiam mais.

Finalmente, vá expandindo seu *tonglen* pelo espaço. Faça-o por todos de sua região, depois em círculos mais amplos até que seu enviar e receber cubra todo o globo. Faça-o por todas as mulheres que estejam sofrendo no mundo. Faça-o por todos os homens, todas as crianças, todos os animais. Veja se consegue estender ainda mais e pratique *tonglen* por todo o planeta – pela água, pelo ar e a terra, que sofrem. Pratique-o como se estivesse na lua olhando para a Terra. Faça *tonglen* por todo o planeta e os seres nele existentes – desejando que todos os seres vivos possam ir além da mente fixa de "nós e eles", que todos possam se considerar uma única família e viver em comunhão num estado de completa paz e harmonia. Por fim, pratique *tonglen* por todos os seres, onde quer que estejam, universo afora.

O *tonglen* pode ser infinitamente ampliado. À medida que você pratica, sua compaixão irá naturalmente se expandindo com o tempo, assim como sua percepção de que as coisas não são tão sólidas como você achava. Conforme pratica, gradualmente e no seu ritmo, ficará surpreso ao perceber-se cada vez mais capaz de ajudar os outros, mesmo em situações que pareciam insolúveis.

Localize, abrace, interrompa, fique

L.A.I.F. – pronunciado como "life", vida em inglês – acrônimo de "localize, abrace, interrompa, fique"[5], é uma prática desenvolvida por Richard Reoch, conhecido ativista dos direitos humanos e ex-presidente da Shambhala Internacional. O acrônimo pode ser utilizado como uma forma concisa e fácil de lembrar a combinação de algumas práticas deste livro que nos permitem acolher o indesejável.

Sempre que se sentir dominado pelas emoções, ou tiver sentimentos desagradáveis, desconfortáveis ou imobilizantes, siga estes quatro passos.

1. Localize-a. Investigue onde reside em seu corpo essa sensação tenaz, restritiva, e entre em contato com ela.

2. Abrace esse sentimento, essa restrição. Um modo de fazer isso é seguindo a instrução de Tsoknyi Rinpoche de enviar sua ternura incondicional a quaisquer sentimentos aderentes, temerosos, autoprotetores. Assemelha-se a acalmar uma criança histérica. O ponto principal é reverter a antiga tendência humana de evitar e rejeitar a dor. Em vez disso, direcione-se a ela com todo o coração.

---

5 Em inglês L.E.S.R. – pronunciado como 'laser' – é acrônimo de 'locate, embrace, stop, remain'. (N. da T.)

3. Interrompa o enredo. Aqui, encare diretamente seus pensamentos e histórias. A ideia não é parar de pensar completamente, algo impossível, mas ver o que está por trás dos pensamentos e contatar a razão subjacente que o fez cair na armadilha. Pode-se aprender muito ao ter uma experiência direta, não conceitual, com o ato de cairmos na armadilha, mesmo que dure apenas um instante. Uma vez tendo se conectado àquele sentimento cru, continue interrompendo as histórias e retornando à experiência. A prática regular de meditação ajuda muito no trabalho com este passo.

4. Fique presente com o sentimento. E permaneça ali até que ele mude ou que haja uma sensação de luta excessiva. Não é preciso esperar até se sentir arrasado. Não se trata de uma prova de resistência. Basta permanecer com o sentimento gentilmente, com ternura, aprendendo o máximo possível. O que costuma acontecer nesse ponto é você descobrir o quanto esse sentimento é doloroso e perceber que não quer continuar fazendo isso consigo mesmo. O processo o deixará consideravelmente mais suave, e mais disposto a ver e escutar os demais. Além disso, pode proporcionar às suas qualidades naturais de inteligência e abertura uma chance de emergir.

Depois de trabalhar com estes quatro passos por algum tempo, tente acrescentar um quinto. Eis aqui duas alternativas principais.

A primeira é o que chamo de "experimentar o vazio do sentimento". Há várias maneiras de trabalhar isso, mas todas têm a ver com a intuição – embora fugaz – de que o sofrimento não vem do sentimento em si, mas da sensação de que há um sofredor.

Por exemplo, quando estiver presente com o sentimento por trás do enredo, pergunte-se: "Quem está sentindo isso?". Faça uma pausa e reflita. Pergunte de novo: "Quem está sentindo isso?". Repita este processo algumas vezes, se achar útil.

Pode-se também vivenciar o vazio do sentimento por outros ângulos. Explore questões como: "Este sentimento é permanente?" "É transitório?" "É concreto?" "É fluido?" "É dinâmico?" "É finito ou infinito?" Pode-se também perguntar: "Este sentimento sou eu?" "Não sou eu?" "É um obstáculo?" "É um portal?" Ou então tocar o sentimento, sem qualquer enredo, e dizer: "Numa experiência direta, este sentimento é a bondade inata" ou "A bondade inata se encontra bem aqui". Ou seja, não é preciso esperar até o sentimento ir embora para encontrar a bondade fundamental.

Um quinto passo alternativo é trabalhar usando o sentimento para despertar a compaixão. Permanecendo presente com o sentimento cru, reflita que inúmeras pessoas e animais por todo o planeta estão se sentindo exatamente assim. Use sua experiência e tenha um vislumbre de nossas semelhanças com os demais. Nesse ponto, reflita mais ou menos desta forma: "Assim como eu, que todos os seres se libertem da dor que sentem. Que possamos nos libertar das restrições e temores originários da nossa atitude em defesa do território pessoal". Aproveite essa oportunidade para também praticar *tonglen*, inspirando e se abrindo profundamente ao sentimento compartilhado, depois exalando alívio para todos os seres (inclusive o seu ser, amedrontado e restritivo) da mesma forma presos.

Estas duas alternativas do quinto passo baseiam-se na mesma ideia. Tocar na capacidade inata de vivenciar os sentimentos diretamente, não conceitualmente, abre um portal para o aprofundamento na vivência do vazio e da compaixão. A princípio, vazio e compaixão parecem coisas separadas, mas, em última instância, elas são vivenciadas em sua essência como inseparáveis e não duais.

L.A.I.F. e as práticas correlacionadas proporcionam os meios para expandir a visão e abrir coração e mente bem no ponto onde costumamos nos contrair e nos voltar para dentro. São práticas para a vida inteira que podem ser iniciadas hoje.

Agradecimentos

Sou grata a muitas pessoas que tornaram este livro possível e gostaria de agradecer a algumas pelo nome. Megan Jacoby transcreveu horas e horas dos meus ensinamentos, que serviram de fonte para este livro. Barbara Abrams revisou todos os capítulos e contribuiu com ideias valiosas. Rachel Neumann, da Shambhala Publications, fez muitas perguntas importantes e deu um jeito de esclarecer e polir o manuscrito final. Tami Simon graciosamente nos deu permissão para usar o material do meu discurso de graduação da turma de 2014 na Universidade de Naropa, que foi originalmente publicado pela Sounds True como "Fail, Fail Again, Fail Better" ["Fracasse, fracasse novamente, fracasse melhor"]. Mark Wilder me apresentou à expressão que deu título a este livro assim como aos três círculos concêntricos presentes no capítulo da zona de conforto. Meu amigo, Ken McLeod, escreveu *Reflections on Silver River*, um livro que aprofundou consideravelmente minha compreensão do caminho do *bodhisattva*. E Joseph Waxman, com quem sempre é um prazer trabalhar, organizou esses ensinamentos em capítulos, parágrafos e frases; sem ele, este livro não existiria.

Sobre a autora

ANI PEMA CHÖDRÖN nasceu Deirdre Blomfield-Brown em 1936, na cidade de Nova York. Frequentou a Miss Porter's School, em Connecticut, e formou-se na Universidade da Califórnia, em Berkeley. Por muitos anos, atuou como professora primária no Novo México e na Califórnia. Ela tem dois filhos e três netos.

Quando tinha trinta e poucos anos, Ani Pema viajou para os Alpes franceses e lá encontrou o Lama Chime Rinpoche, com quem estudou por vários anos. Tornou-se monja noviça em 1974, quando estudava com o Lama Chime em Londres. Sua Santidade o XVI *Karma*pa foi à Escócia naquela época e Ani Pema foi ordenada por ele.

Em 1972 ela conheceu seu guru, Chögyam Trungpa Rinpoche. O Lama Chime incentivou-a a trabalhar com Rinpoche, e foi com ele que Ani Pema acabou tendo uma conexão mais profunda, estudando sob sua orientação a partir de 1974 até a morte do mestre, em 1987. Em 1981, a pedido do XVI *Karma*pa, ela recebeu a total ordenação *bhikshuni*, na linhagem chinesa do budismo, em Hong Kong. Serviu como diretora do centro *Karma Dzong*, em Boulder, Colorado, até se mudar, em 1984, para a rural Cape Breton, Nova Escócia, onde foi diretora de Gampo Abbey. Chögyam Trungpa Rinpoche deu-lhe instruções explícitas sobre a fundação desse mosteiro para monges e monjas ocidentais.

SOBRE A AUTORA

Atualmente, Ani Pema dá aulas nos Estados Unidos e no Canadá e tem planos de passar mais tempo em retiro solitário, sob a orientação do Venerável Dzigar Kongtrul Rinpoche. Outro de seus interesses é ajudar a estabelecer a vida monástica do budismo tibetano no ocidente, assim como continuar seu trabalho com budistas ocidentais de todas as tradições, compartilhando ideias e ensinamentos. Sua fundação sem fins lucrativos, a Pema Chödrön Foundation, foi criada para auxiliar nesse propósito.

Ela escreveu vários livros, dentre os quais *Comece onde você está, O salto, Sem tempo a perder, Quando tudo se desfaz, Os lugares que nos assustam* e *A beleza da vida*, foram publicados no Brasil.

https://www.facebook.com/GryphusEditora/

twitter.com/gryphuseditora

www.bloggryphus.blogspot.com

www.gryphus.com.br

Este livro foi diagramado utilizando a fonte Minion Pro
e impresso pela Gráfica Vozes, em papel polen bold 90 g/m²
e a capa em papel cartão supremo 250 g/m².